「記憶」を科学的に分析してわかった

小学生の子の成績に最短で直結する勉強法

伸学会
菊池洋匡

実務教育出版

はじめに

わが子には成績優秀になってほしい。そうお考えの親御さんへ。

頑張って勉強しているのに、なかなか成績が上がらず悔しかった、絶望した、そんな経験を持つ方は世の中にたくさんいることでしょう。

また、自分は勉強には苦労しなかったのに、子どもは勉強してもなかなか成果があがらず見ていて焦りを感じる、かわいそうになる、そういった声もよく聞きます。

なぜ、頑張っているのに成果が出ないのでしょうか？　**要領よく勉強して成果を出せる人と、頑張っているのに成果を出せない人の違いは何なのでしょうか？　その違いをお伝えするのが、この本の目的の1つです。**

後述しますが、「学習」は脳のしくみに基づいて行うかどうかで効率が大きく変わります。

効率よく記憶するためには、「これは記憶の倉庫から頻繁に引っ張り出してくる必要がある情報だ」と脳に思わせなければいけません。やってはいけない非効率的な勉強法は、これとは逆の、「短期集中的な学習」や「頭を使わない作業」です。

例えば、あなたや、あなたのお子さんはこんな勉強法をしていたことはないでしょうか？

- テストの前日に徹夜で勉強をする（いわゆる一夜漬け）
- 前日徹夜とまではいかないが、試験の直前1週間くらいで集中的に頑張る
- 「漢字の書き取り」を10回も20回もする
- ノートを清書する
- 蛍光ペンで色を塗ったり、アンダーラインを引いたりしながら読む

これらはすべて、科学的に「非効率的である」とわかっている学習法です。こういった勉強法をしていると、頑張っているつもりでもなかなか覚えられず、できるようになりません。その結果、「自分は勉強が苦手だ」「自分は頭が悪い」と誤解してしまうのです。

実際は、「頭が悪い」のではなく、「頭の使い方を知らない」だけ。能力を発揮するチャンスを逃しているのです。そういう子が世の中にはたくさんいます。もったいないですね。ぜひ、この本に書いてある正しい脳の使い方を、あなたのお子さんに教えてあげてください。

そして、もう1つこの本を通じてお伝えしたいことがあります。それは、**「どんなやり方が良い勉強法か？」よりも、「どうすれば子どもにその勉強法をさせられるか？」のほうが大切だということ**です。

世の中には、「効率の良い勉強法」について書かれた本は数多《あまた》あります。その中には「目からうろこ」のようなものも確かにあるでしょう。しかし、私の中での1つの結論として、「ちゃんと解き直しをする」以上の勉強法はありません。

解き直しが大事だということを、知らない親御さんはほとんどいないでしょう。にもかかわらず、子どもにちゃんと解き直しをさせることができずに、悩んだり怒ったりしている親御さんは世の中にたくさんいます。すなわち、それが「どんなやり方が良い勉強法か？」よりも、「どうすれば子どもにその勉強法をさせられるか？」のほうが大切だという理由です。

本書でも、第2章を中心に目からうろこな勉強法をご紹介します。ですが、本当に大事なのは、その後の第4章にある「それをやろうと子どもに思わせる方法」です。ぜひ、そういった意識でこの本を最後まで読んでみてください。

伸学会代表　菊池 洋匡

ドーン
45
5-2
佐藤伸子
えええっ
何この
点数??!
なんで?!
勉強したはず
なのに!
のぶちゃん
どうだったー?
えっ!う、うん
まあまあだよ!
ちーちゃんは?
えっ
上がった?!
がさ
ガサ
こないだよりは
上がったー
?
ろこつに
挙動不審
だね?
明日は
漢字テスト
だからなー
えーっ
またかよー
のぶちゃん
今日
遊ぼうー
……
ごめん!私
今日は帰るね!
ぴゅーっ
のぶちゃん…
すごい速さだね…

ドン
さてと…
漢字書き取り20回ずつ!
漢字ドリル
ノートにアンダーラインを引いて…
うおおおお
翌日
漢字テスト始めるぞー
キリッ
昨日たくさん勉強したからきっと大丈夫… …あれ?
思ってたより分からない…
ここ、もう一本線あったっけ?
あんなにやったのにできなかった…
グス
あ、神社…
神様助けてください
カラン
あ…
ゴミはちゃんと捨てないと…
……
その夜ー
勉強ができるようになりますように…
チカッ
ん?
えっ…
スゥ
パッー

おぬしの願い聞き入れたぞ
キキーーッ
か、神様
?!
ワー
神さまだ〜
のぶちゃんエライな!
いかにもわしは勉強の神様じゃ
神社のゴミを拾ってくれたおぬしに良いことを教えてやろう
ズバリ
おぬしは己の能力を発揮するチャンスを逃しておる!
えっ
ハッ
私の能力…? 私に能力なんてあるのかなあ
だってあんなに勉強してもできなかった
キッパリ
おぬしの頭は悪くなどないぞ
おぬしはただ頭の使い方を知らないのじゃ
さあこれからわしと一緒に正しい脳の使い方を学ぼうではないか!
正しい脳の使い方?!
そんなのあるの?!

はじめに……1

第1章
勉強する前に知っておくべき「記憶」のメカニズム

1. 私たちの脳のしくみは20万年前のまま……18
良い勉強法を知らないことの弊害…19／私たちの脳の中にある2つの機能…22

2. 短期記憶と長期記憶……25
「短期記憶＝作業机」と「長期記憶＝倉庫」…26
「倉庫」の記憶を思い出せるかは1階の脳の気まぐれ…29

3. 短期記憶のしくみ……31
人は何桁まで覚えられるのか？…31／問題を解くときは短期も長期も使う…34
短期記憶は鍛えるのに限界がある…36

4. 短期記憶を効果的に活用する……39

「意味を考える」ことで情報を固まりにする…39
狭い作業机のスペースを奪う「雑念」と「不安」…42／作業机は紙の上に広げられる…44

5. 長期記憶の保存と検索のしくみ……47
「保存」と「検索」のメカニズム…48／私たちは天才的な記憶容量を持っている…50

6. 保存されやすい記憶、検索しやすい記憶……52
サバイバルに最適化された脳…53／生きるために大切な2つの記憶…54

7. 「漢字は何度も書けば覚える」は本当か？……59
意味記憶とエピソード記憶と手続き記憶…60／漢字の書き取りが効果的な場合…63

第2章 脳のつくりに合わせて効率的に学習させよう！

1. 効く反復学習とダメな反復学習……72
学力を伸ばす効果的な「解き直し」とは…73
学習効率に違いをもたらすテスト効果…75

2. 集中学習と分散学習――効果的なのはどっち？……77
一気に覚えたら一気に忘れる…78／記憶に残すためには分散学習を！…80

3. 記憶しやすい最初と最後を作り出す……82
最初と最後は記憶に残りやすい…82／覚えたいものは最初か最後にやろう…84

4. 記憶に定着しやすい黄金の学習サイクル……87
1回しか復習する時間がない場合、いつが効果的か？…87
何回も復習できる場合、どの間隔が効果的か？…88
等間隔に復習するのも効果アリ…90

5. ブロック学習 V.S. ランダム学習……92
出題範囲が広くなると成績が下がる…92
同じ学習量でも2倍の定着率の反復法…94
解く順序を変えるだけでどんな科目も成績アップ…96
多くの人は自分の感覚に騙されている…97

6. ランダム学習を上手に取り入れる……99
ランダム学習を取り入れるコツ…100／普段のテキストをランダム化するアイテム…101

7. 〝頭を使って〟覚える……104
記憶に残るかどうかは頭の使い方次第…104
なぜ「蛍光ペンでマーク」はダメ勉強法なのか？…106
人に教えるつもりで読むと記憶に残りやすい…108

8. 〝理解して〟覚える……113
どうしたら「理解した」ことになるのか…115／理解その1「構造化」…116

理解その2「因果関係」…119／できる範囲で頭を使いこなそう…122

9.〝イメージ化して〟覚える……124
脳は「単語」より「画像」で覚えるのが得意…124／子どもにイメージさせるコツ…127

10.〝自分で答えに気づいて〟覚える……130
自分で答えを発見するために必要な3つのこと…131
答えを発見できなくてもチャレンジが大事…134

11.勉強場所を変えるだけで点数が50%もアップする……136
長期記憶の分類のおさらい…137
無意識の背景情報すら思い出す助けになる…139／文脈効果を有効に使う…142

12.〝睡眠を活用して〟成績を上げる……146
寝ている間に脳内で起きていること…147／眠るとどれくらい学力がアップするのか…149
睡眠時間はどれくらい必要？…151／勉強が終わらなければ続きは翌朝…152

13.子どもを早く寝かせる技術……154
睡眠のサイクルを理解する…155／寝る前のNG行動…157／寝る前のGOOD行動…158

14.記憶の上書き消去を防ぐ……161
睡眠によって定着する前の記憶はもろい…161／勉強の記憶を定着させるコツ…163

15.短期記憶（ワーキングメモリ）の働かせ方……166
短期記憶が働かないと難しいテストでは点が取れない…167
不安や雑念、様々なものが邪魔になる…169／短期記憶を解放する2つのポイント…170

第3章

ムダなく成績アップにつながる科目別勉強のコツ

1. **算数の勉強法** それは「能力」か「知識」か？……178
算数ができるようになるために必要な両輪…178／算数が苦手な子の多くは「能力」が足りない…182／「能力」を鍛えるトレーニングをさせる…184

2. **国語の勉強法** 総論……185
受験国語の成績を伸ばすために必要な力とは？…186／塾では指導できないもの…187／国語の勉強代わりに読書させない…191

3. **国語の勉強法** 各論……194
「言い換える技術」とは？…195／「理由をたどる技術」とは？…197／「比べる技術」とは？…203／国語も解き方のルールを覚える必要がある…204

4. **社会の勉強法** ネットワーク化・イメージ化でラクしよう……206
地理をラクに覚えるコツ…207／歴史をラクに覚えるコツ…209／公民をラクに覚えるコツ…210

5. **理科の勉強法** それって算数に近い？ 社会に近い？……213
暗記系の理科の勉強のコツ…213／計算系の理科の勉強のコツ…215

第4章

子どもの「勉強…めんどくさい」を乗り越えるために親がしてあげられること

1. 子どもの好奇心を育てよう……224
ウルトラマン図鑑で育って開成中に合格した子たち…225
さらに好奇心を育てるひと手間…227
2. 子どもにさせてあげたい成績アップに直結する習い事……229
子どもの脳が育つ習い事はどんなもの？…230
結論：習い事は子どもが好きなことをさせてあげよう…234
3. 子どもの理解度を確かめつつ理解度を深める方法……237
理解していなければできないことをさせる…238
学力アップだけではない、さらなる効果…239
注意！ 尋問にならないようにすること…240
4. お子さんに「解き直し」をしたいと思わせる働きかけ……243
「流暢性の幻想」を打ち壊す方法…244／解き直しをさせる上での注意点…246
良い勉強のやり方をする上でのもう1つのハードル…248

おわりに……252
主な参考文献……254

装丁デザイン：西垂水敦・市川さつき（krran）
装丁イラスト：川添むつみ
本文デザイン：伊延あづさ・佐藤純（アスラン編集スタジオ）
本文イラスト：吉村堂（アスラン編集スタジオ）

●本書に記載されたURLや動画に関する情報は執筆時点におけるものであり、予告なく変更される場合があります。

第1章

勉強する前に知っておくべき「記憶」のメカニズム

ここ、なんだった？
トントン
さっきもやったろ？
もう忘れちゃった？
う゛ーっ
ガバッ
おどうざん！
伸子もう覚えられない〜〜！
うわあぁん
泣いたって仕方ないだろ〜
泣くのやめなさーい！
びえええ〜
ふわ〜
何をしておるのじゃ？
私はバカだから覚えられないんだ〜
メルちゃんだって覚えられるのに
メルちゃんはオヤツの隠し場所をみんな覚えられてるのに〜
メルはオヤツを必ず見つけるもんなー
MEL
そこじゃ！
え？
ビシィッ

人間の脳はじつは動物の脳と同じ
ほぼ
同じ
「生きるのに必要」と脳が思わないと自然には覚えられないのじゃ
メル おなか空いた
だから「脳を騙す」必要があるんじゃ！
だますんじゃ
ハァ…
それに人の記憶力には差はほとんどないんじゃよ
うそだぁ
鈴木くんは優等生
でもクラスの鈴木くんはすごい記憶力だよ？
それは、鈴木くんが脳の「使い方」を知っているんじゃ
鈴木くんがスゴイんじゃないの？
なら、伸子も脳を騙して覚えられるようになるのかな？
その通り！
え、ホントに？！
これからその秘訣を教えてやろう
秘訣？！
ホレ行くぞ

1 私たちの脳のしくみは20万年前のまま

現代の先進国の社会においては、ほとんどすべての人は学校へ行きます。そして、算数・数学・母国語・外国語・理科・科学・社会とたくさんの勉強をします。さらに、学校を卒業して社会に出ても、仕事に必要なスキルを身につけるための勉強が続きます。私たちは誰もが「勉強」とは無縁ではいられません。

にもかかわらずと言えばいいのか、だからと言えばいいのかわかりませんが、私たちの多くはその「勉強」に苦しめられます。せっかく勉強したのに忘れてしまった……必死に考えているのに理解できない……頑張っているのに成績が上がらない……もう勉強なんて嫌だ！　あなたも勉強に対して、そんなネガティブな感情を持ったことはないでしょうか。

なぜ、勉強が嫌になるのか？

良い勉強法を知らないことの弊害

伸学会の生徒の保護者さんから、こんな受験体験談をいただいたことがあります。

※「4年生から息子を地元の準大手塾に通わせました。手がかからなかったので学習状況を気にかけることなく半年が経ち、ふとしたきっかけで息子が塾の宿題の解答を写していることに気づきショックを受けました。塾の先生にも厳しく叱責《しっせき》され、もう二度とやらないと誓わされました。でも、わからないということは根本的に解決できず、通塾自体が苦痛になっていました。塾の授業が理解できないようではこの先厳しい…と転塾を考えました」

※趣旨が変わらない範囲で抜粋し、表現を改めています。全文は以下をご参照ください。
http://www.singakukai.com/feedback/11014.html

こうして5年生になる直前に転塾してきたY君ですが、決して頭が悪い子でも、不真面目な子でもありませんでした。宿題の解答を写していたのは、ラクをしたかったからでも、ズルをして自分をできる子に見せたかったからでもないと思います。私が直接教えた子なのでよくわかりますが、Y君はそんな性格ではありません。ただ、出された課題をこなす方法が「答えを写す」以外になかった、それくらい追い込まれていたのだと思います。

気づいたお母さんもショックだったでしょうし、悪いことだと思いながら答えを写していたY君もつらかったと思います。こういったことは、どこのご家庭にも起こりうることです。問題は、なぜこんなことが起こるのか、ということ。それは「はじめに」で少し触れたように、良い勉強のやり方を知らないせいで、頑張っても成果を出せないからではないでしょうか。

良い勉強のやり方がわからないのは無理のないことです。Y君や彼のご両親が悪かったわけではありません。そして、もしあなたのお子さんが知らなかったとしても、あなたやあなたのお子さんが悪いわけではありません。

約20万年前
現在
脳のしくみは20万年以上前とほとんど同じ

私たちの脳は、ホモ・サピエンスが誕生した20万年以上前からほとんど変わっていないと言われています。農耕が誕生したのが2万年ほど前。つまり、私たちの祖先が誕生した頃の生活は、まだまだ狩猟採集生活です。

私たちの脳のしくみ・学習のしくみは、その狩猟採集生活で生き残るために最適化されています。常に飢え死にや危険な肉食動物の攻撃による死と隣り合わせです。現代の私たちの生活とはずいぶん違いますよね。少なくとも、真っ先に一発で覚えなければいけないのは「算数の公式」ではないことは間違いありません。そんな狩猟採集生活に最適化した脳のまま現代社会で生きているのだから、いろいろ不都合なことが起こるのも当然だと思いませんか？

ですから、まずは自分の脳の性質を知ることで、その性能をうまく引き出せるようになっていかなければなりません。では、私たちの脳はどのように働くのでしょうか？

私たちの脳の中にある2つの機能

ここではまずは大まかなイメージをつかんでください。私たちの脳は、直感的に反応する特に原始的な機能と、よく考えて判断する理性的な機能を持っています。この本の中では前者を「1階の脳」、後者を「2階の脳」と呼びます。読んで字の通り、脳のだいたい下のほうと上のほうが、それぞれの働きをしています。2つの脳がそれぞれの機能をうまく発揮できると、テストで良い成績が取れます。

これらの機能は、無意識に無自覚に働いています。だから、どう働かせるかを知識として学び知っておかなければコントロールできません。「緊張して心拍数が上がっていると

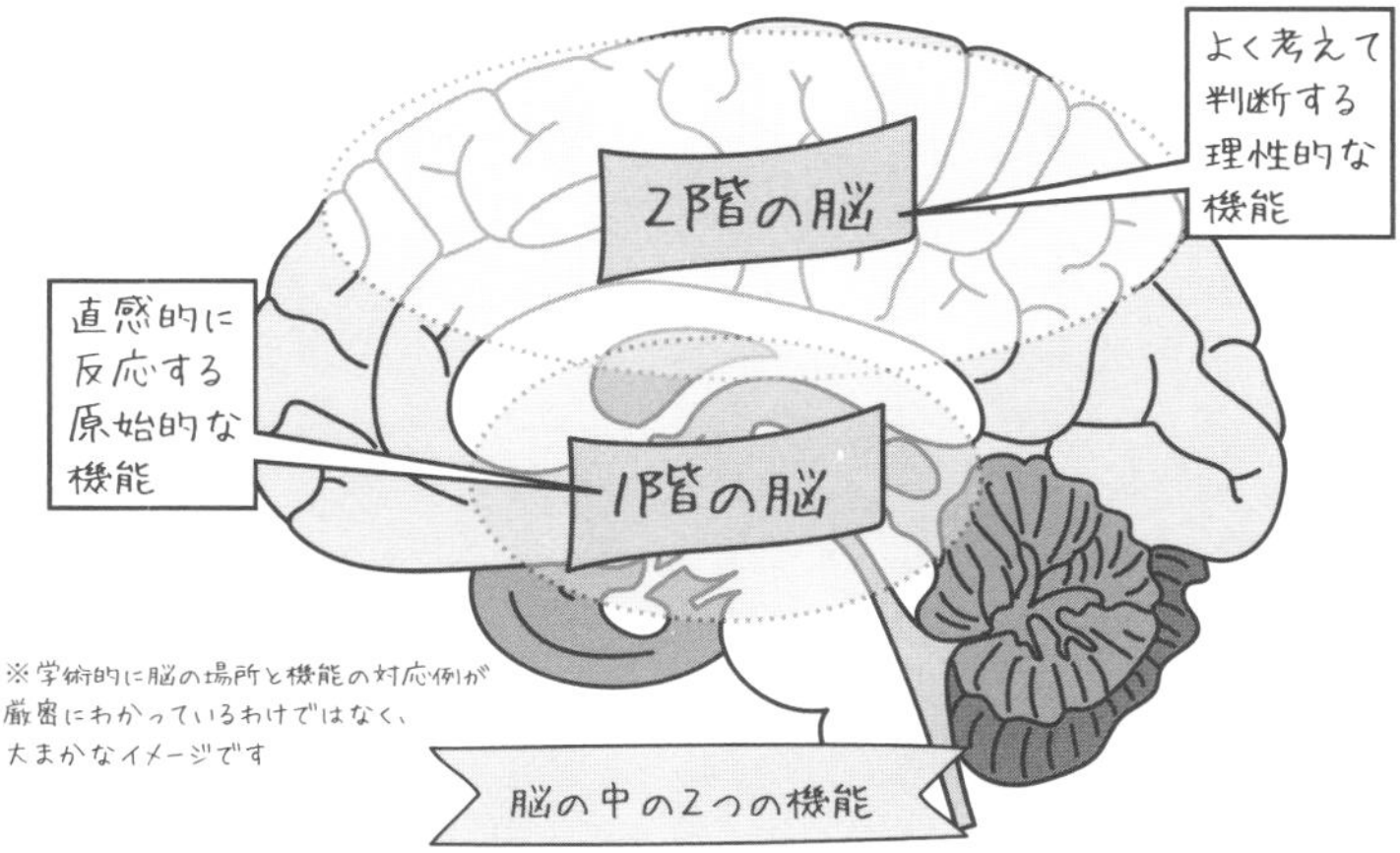
よく考えて判断する理性的な機能
2階の脳
直感的に反応する原始的な機能
1階の脳
※学術的に脳の場所と機能の対応例が厳密にわかっているわけではなく、大まかなイメージです
脳の中の2つの機能

きは深呼吸をするといい」のように、記憶に残すためにやるべき行動を知って実践していくことが必要です。

そして同時に、「子どもにやらせる」という観点からは、もう1つ問題があります。それは、**「子どもは（大人もですが）どちらが良いやり方かは自覚できない」**ということ。「こちらのほうがわかりやすい」「覚えやすい」と思ってやっているけど、実際にはその逆だということがよくあります。だから、それに気づかせるための工夫が必要になります。

そういった働きかけを通じ、良い勉強のやり方を身につけさせていくと、学習効率は格段に変わっていきます。先ほどのY君も、入会してきて最初に受けた外部模試（日能研公開模試）では4科目総合の偏差値が45くらいでした。それが、卒業間近の6年生後半には偏差値が60を超えるようになりました。「答えを写すしか方法がない」のと、「正しいやり方を知っている」のとでは、大きな違いが生まれるのです。

そういった成績の違いを作るやり方を、本書でお伝えしていきます。このあとの第1章では、それぞれの脳の機能についてもう少し詳しく説明していきます。そして、第2章からは、実際にわかりやすい・覚えやすい勉強法についてお伝えしていきます。役立つ勉強法をすぐに知りたければ、先に第2章を読んでから戻って第1章を読んでも構いません。興味がある章から順に読み進めてみてください。

まとめ

私たちの脳は20万年前の原始的なしくみで働いている。現代社会に適応するために、自分の脳の性質を学んで使いこなそう。

2
短期記憶と長期記憶

一言で「記憶」と言っても、私たちには「短期記憶」と「長期記憶」という2種類のものがあります。突然ですが、このことを実感してもらうために簡単な実験をしましょう。

次の「」の中の文字を読んだら、本を閉じて暗唱してみてください。

「に、さん、ご、いち、はち、よん」

できましたか？ 6つの数字でしたね。

では、もう1つ。「」の中の文字を読んだら、本を閉じて暗唱です。

「ゾウ、カバ、キリン」

できましたか？　これは私が適当に思いついた動物です。この文字を見てから暗唱するまでの間、あなたの脳はこの6つの数字と3つの動物を記憶していました。これを「短期記憶」と言います。別名、「作動記憶（作業記憶）」「ワーキングメモリ」とも言います。

では、自分の電話番号は覚えていますか？　これは今聞いて覚えたわけではなく、「長期記憶」としてあなたの脳に仕舞われていたものです。さっき覚えてもらった数字より、多くても覚えていられますね。

桃太郎に出てくる動物は覚えていますか？「イヌ、サル、キジ」ですね。これも3つの動物ですが、さっきの動物と比べて言えるかどうか緊張しなくてもよかったのではないでしょうか。

「短期記憶＝作業机」と「長期記憶＝倉庫」

もう少しわかりやすくするためのイメージを説明しますね。**短期記憶は「作業机」、長期記憶は「倉庫」だとイメージしてください。**パソコンが得意な方には、「メモリ」と「ハー

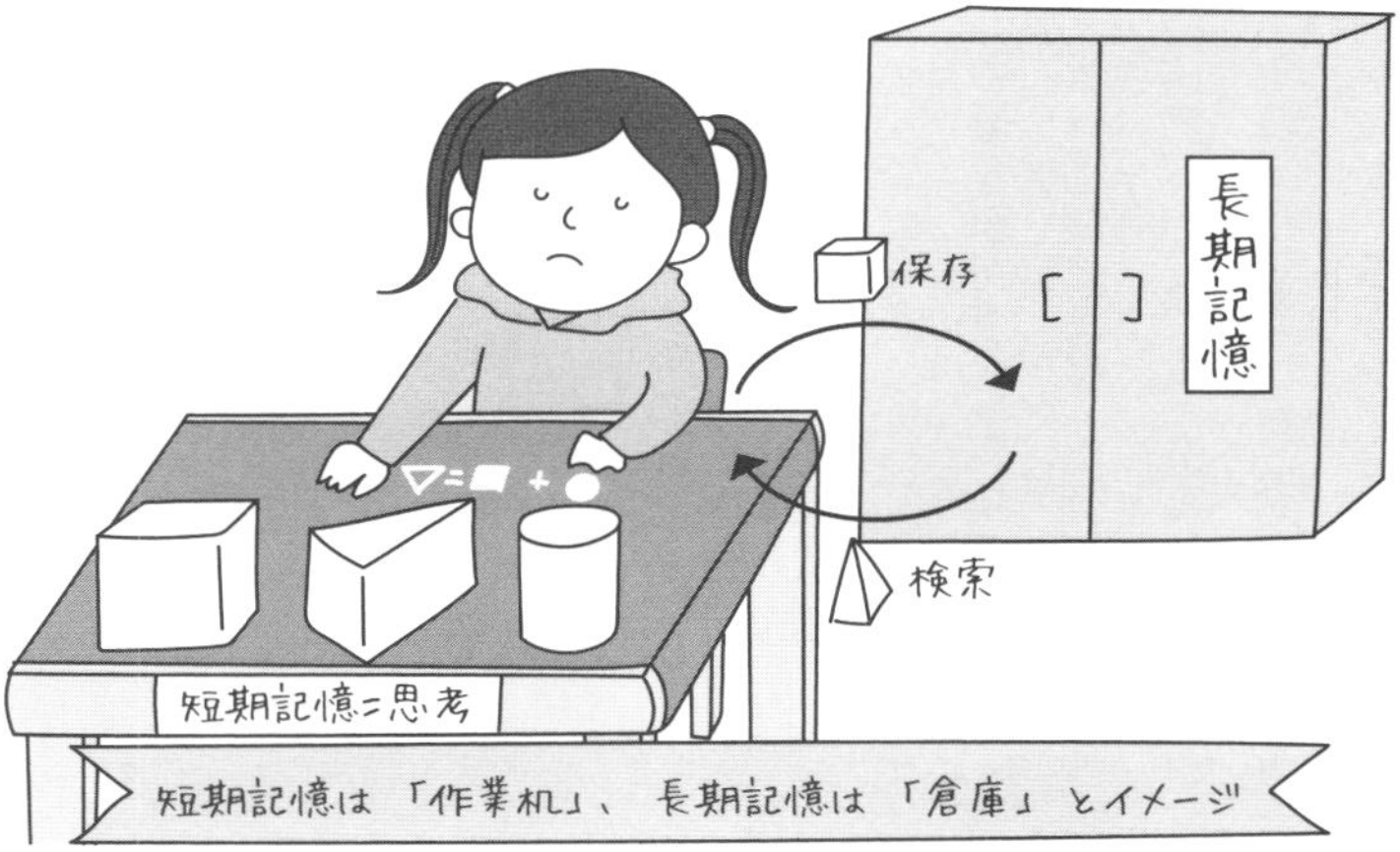

ドディスク」と説明することもあります。

作業机（短期記憶）は物事を考えるために必要な情報を一時的に置いておく場所です。「今何について考えているのか」を覚えられなければ、何も考えることはできません。先生が言った「教科書の58ページを開け」を聞いていないのは、机にそもそも載せていないということです。聞いていたのに忘れてしまったなら、机の上に他のもの（友達との私語や、急に思い出したことなど）を置いたせいで机から落ちてしまったということです。

この例からもわかるように、短期記憶には集中力が必要です。意識して集中していないとすぐ忘れてしまいます。この作業机はただの机ではなく、天板がベルトコンベア付きになっており、徐々に古いものが落ちるようにできているのです。

倉庫（長期記憶）は、自分にとって大事だと判断された情報が仕舞われているところです。その判断は、脳の中の「海馬」という部分が行っています。自分の名前・家への帰り方・自転車の乗り方・電話番号・好きなゲームのキャラクターの名前など、あらゆる情報が倉庫に仕舞われています。

「どうやって倉庫に入れるか」はあとで説明しますが、「どうやって取り出すか」も問題だということをまずは知っておいてください。**長期記憶には「保存」と「検索」という2つの働きがあります。**「えーっと、あれだよあれ、ここまで出かかっているのに！」という思い出せそうなのに思い出せない体験や、思い出したくない・忘れたいのに頭を離れない体験、そして急な思い出し笑いが起きるように、「長期記憶を思い出す（検索する）」というのは、意識して集中すれば成功するというものではありません。無意識にふっとわき上がってくるのが、長期記憶の思い出し方なのです。

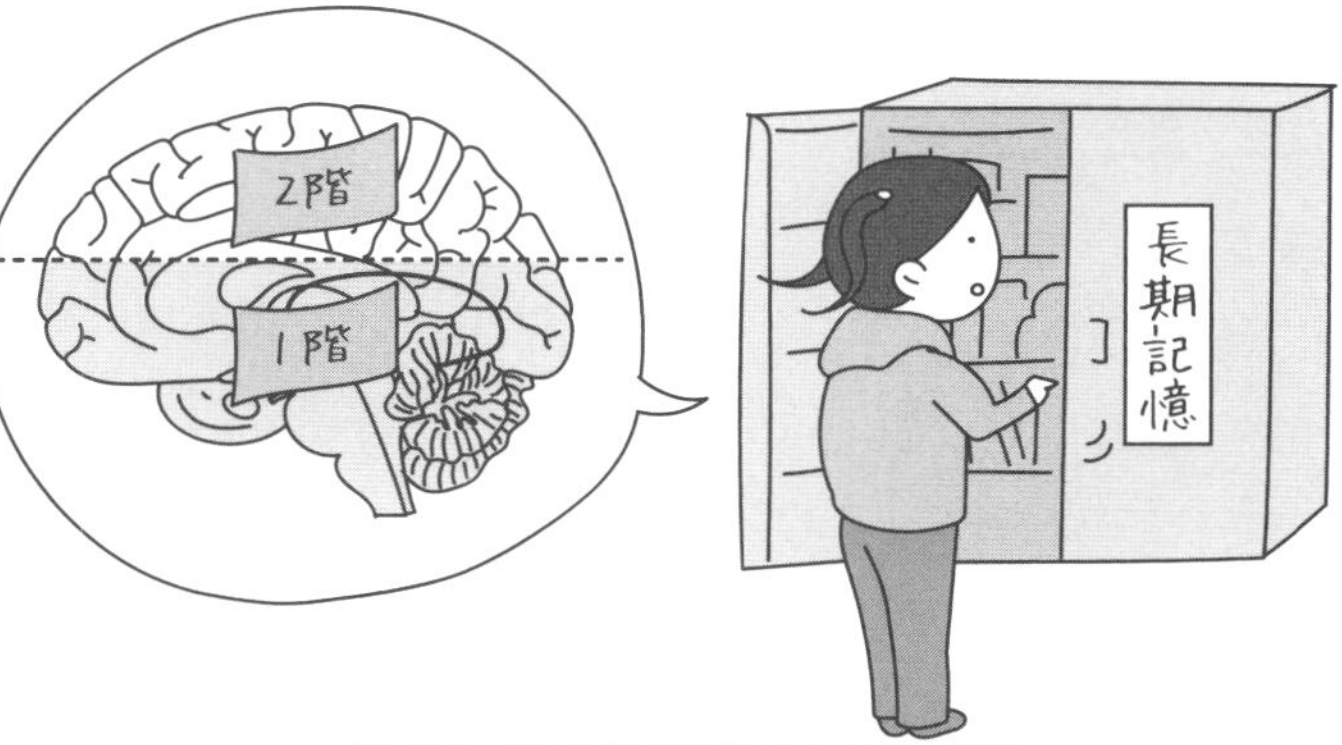

長期記憶を探すのは1階の脳の仕事

「倉庫」の記憶を思い出せるかは1階の脳の気まぐれ

倉庫（長期記憶）のイメージに戻りましょう。確かに倉庫には情報が仕舞われています。ですが、**倉庫から記憶を持ってくるのは1階の脳の仕事**なのです。1階の脳は、理屈ではなく直感や本能で動く脳です。言うなれば動物と同じです。

テレビなどで、飼っている犬に新聞やリモコンを頼むと持ってきてくれる様子を見たことはありませんか？　どうすれば飼い犬に言うことを聞かせられるのか。それは訓練しかありません。訓練しないことには、違うものを持ってきたり、何も持ってこなかったりするのは当然です。何度もテストし、間違えたら「新聞はこれ」「リモコンはこれ」と確認させるのです。

ちなみに、最初に覚えてもらった6つの数字と、3つの動物を思い出せますか？　短期記憶が、どれくらい短期か実感してもらえれば嬉しいです。覚えていた方は集中して読書をされているということですね。自分を誇ってください。

最後にまとめとしてテストをします。空欄には何が入るでしょうか？

まとめ

- 記憶には［ 1 ］と［ 2 ］がある。
- ［ 1 ］は［ 3 ］だとイメージしよう。
- ［ 1 ］は意識して集中する必要がある！
- ［ 2 ］は［ 4 ］だとイメージしよう。
- ［ 2 ］は本能で動く。飼い犬を育てるつもりで訓練しよう！

1 短期記憶　2 長期記憶　3 作業机　4 倉庫

3 短期記憶のしくみ

前節で、ランダムな6つの数字を覚えてもらいましたが、人は何桁まで覚えられるものだと思いますか？ これは「メモリースパンテスト」というものです。ぜひ家族や友達とやってみてください。やり方は簡単。次のような感じでランダムな数字を用意します（数字を目で見ると画像として覚えてしまい、趣旨が変わってしまうので要注意）。

人は何桁まで覚えられるのか？

2

64

835

7926

83931

4058133

9238491

1593847O

9254973O4

8132974261

このように、10桁くらいまで用意すればよいでしょう。これを、一人が読み上げます（「何万何千何百〜」ではなく8、3、9、3、1と読みましょう）。聞いた人は、それをメモせずに耳で覚えます。読み上げる人は、読み上げ終えて5秒くらい経ってから合図を出します。合図のあとで、聞いた人は紙に覚えている数字を書きます。合図の前に数字を書かないようにご注意。聞いてすぐ書くと、記憶のテストではなく聴力のテストになってしまいます。これを順に進めていって、最後に答え合わせ。何桁まで正解できたでしょうか。

この正答数は、「大人で5〜9桁」と言われています。**正確には、5桁までは90％の人**

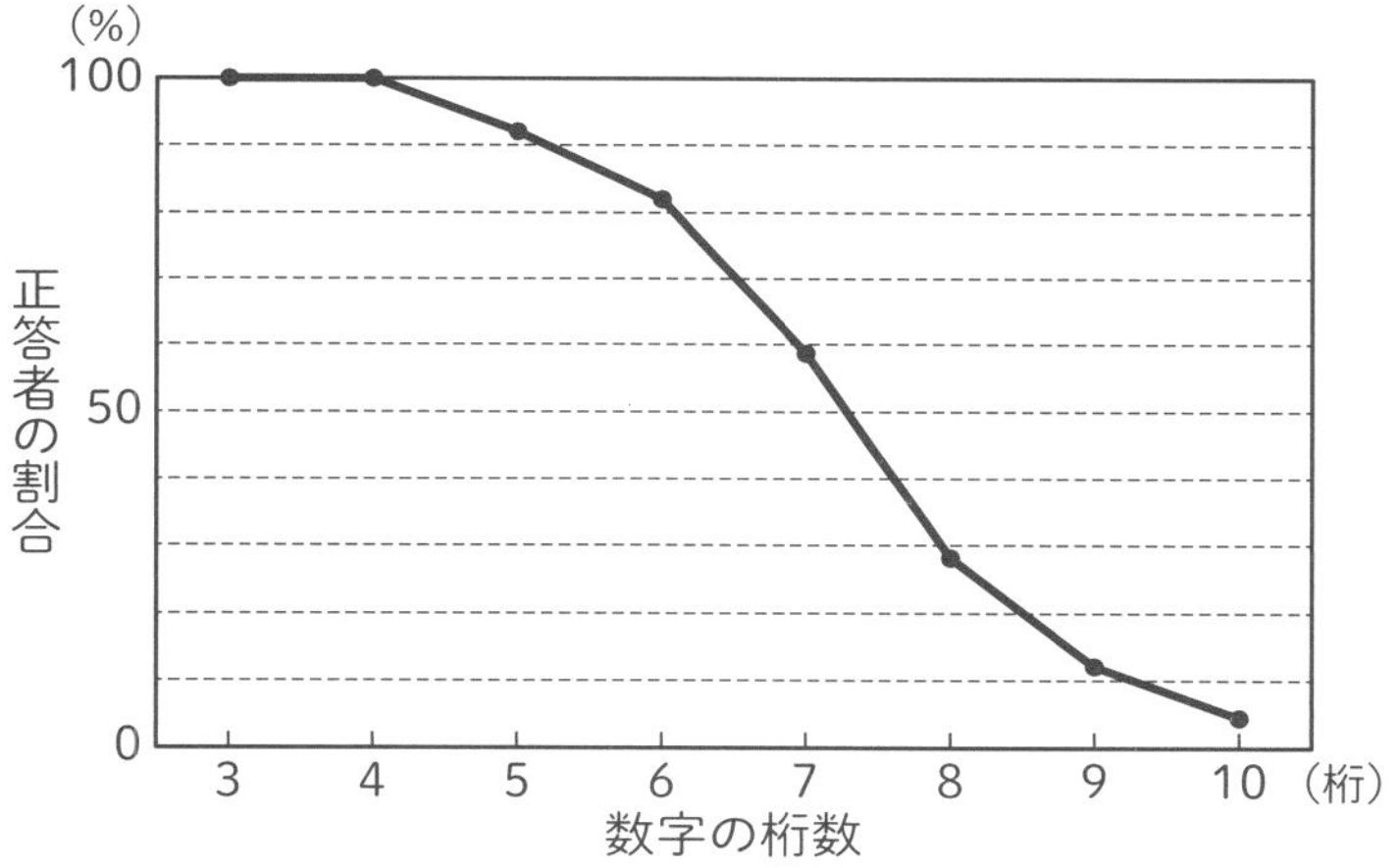

※市川伸一『勉強法の科学』(岩波書店)より

が正解しますが、7桁で50%になり、9桁で10%ほどになります。これが標準的な短期記憶（作業机）に乗る情報量です。電話番号を伝えるとき、4桁ずつ伝えるのは理にかなっているわけですね。10桁、11桁をいきなり読み上げて記憶できる人は1割もいないのです。

しかも、この「5〜9」という数字は、大人が集中して聞いて書いたときの結果です。当然、「集中していない子ども」だと覚えられる量は減ります。「教科書の58ページを開く」という先生の指示を聞いて、「何ページだったっけ？」となるのは普通のこと。

「教科書の58ページを開いたら、ノートを出して日付とタイトルを書こう。その後はテキストを読んで待っていること」のように、同時に複数の指示を出しても子どもには伝わりません。「子どもには1回の指示でたくさんのことを言わない」は塾講師の基本のテクニックです。ぜひ、活用してみてください。

問題を解くときは短期も長期も使う

人は問題を解くときに短期記憶をどのように使っているのか、例を挙げて具体的に考えてみましょう。24×7を暗算する場合、まず頭の中で4×7を計算します。28ですね。九九を覚えている人は、長期記憶の倉庫からこの数字をひっぱり出せます。この「28」を頭の中の作業机にいったん仮置きしつつ、次に2×7（厳密には20×7ですが）を計算します。14ですね。この14を、さっきの「28」と位をずらして足すと、168です。

暗算できない人が超えられないハードルは、いくつか考えられます。

- 九九を覚えていない…倉庫に入れていないか、倉庫から持ってくることができない
- かけ算の「位をずらして足す」作業が倉庫に入っていないか、取り出せない
- 一時的に28を覚えておくことができない…作業机に置いておけない

14と何だっけ？
何のための
計算だっけ？
長期記憶
九九
24×7=？
14+？？
4×7=28
短期記憶

問題を解くときは短期・長期両方の記憶を使う

特に最後のハードルは、「4×7って何だっけ？」「2×7って何だっけ？」「このあと、何するんだっけ？」という思考と、「28」という情報が作業机の上で場所の取り合いになり、混乱してしまっている状態です。

倉庫から必要な情報を簡単に取り出せるようになればなるほど、考えるためのスペースとして作業机を活用できるようになるのです。この計算を繰り返せば、いずれは「24×7=168」という情報が、長期記憶の倉庫に仕舞われます。すると、暗算ではなく「思い出す」ことで答えを出すことができます。

応用問題が解けない子は、基本問題での解き方を思い出すことに精一杯で、作業机でしっかり考えられる段階に達していないのです。基本問題を繰り返し解いて、基本的な解き方のテクニックが倉庫からすぐ取り出せるようになれば、空いた作業スペースで問題をしっかり考えることができるようになります。

24×7を暗算できる子のほうが、そうでない子に比べて広い作業スペースを使うことができます。計算に手間取る子は、「24×7」と、「今は速さと時間をかけているから距離を求めている」という情報が場所の取り合いをしてしまいます。すると、「計算はしたものの、何のためにやったのか、この数字が何の数字なのかわからない」ということになってしまうのです。

短期記憶は鍛えるのに限界がある

ここまで読んで、「そんなに大事ならうちの子の短期記憶を鍛えなくては」「一日1回メモリースパンテストをやろうかな?」などと思いませんでしたか? しかし、残念ながら**短期記憶は大きく伸ばすことはできません。**

伸びろーっ
ぐぬぬ…
短期記憶
短期記憶は大きく伸ばせない

短期記憶の成長限界に挑戦した心理学者アンダース・エリクソンは、カーネギーメロン大学で、スティーブ・ファルーンという学生と一緒に二年以上かけて実験を行いました。毎日、ただひたすらこのメモリースパンテストを繰り返し、「全問正解したら桁数を増やす」「失敗したら桁数を減らす」という形で、ひたすら限界に挑み続けたのです。結果は82桁です。すごいですよね。

しかし、これは「短期記憶の成長」ではありませんでした。数字を覚えるテストを、アルファベットにした途端、結果は普通の人と同じ水準になってしまいました。じつはスティーブ・ファルーンは、聞いた数字を自分の陸上競技の知識と合わせ、レースの記録時間として解釈することで思い出せるようにするテクニックを使っていました。記憶対象がアルファベットになったら、このテクニックは使えません。「何にでも使える万能の短期記憶」が育ったわけではなかったのです。

幸いにして、短期記憶を鍛える方法もいくつか見つかりました。しかし、その成長には比較的早い段階で限界が来るようです。結局のところ、8～9個くらいまでしか覚えられるようになりません。ですから、**短期記憶そのものを鍛えるよりも、短期記憶の活用の仕方を上手にする**ことを意識してください。

まとめ

短期記憶は作業机のようなもので、広い子ほど成績が良い傾向がある。しかし、純粋な意味での短期記憶は鍛えても大きくは伸ばせない。活用の仕方を身につけることが大切。

4 短期記憶を効果的に活用する

たった7個ほどしかない短期記憶を、有効活用する方法についてお話しします。特に算数では、問題文が長くなって与えられる情報量が多くなると、途端にできなくなる子がたくさん出てきます。これは「３行の壁」という呼び名が定着するほど有名な話です。成績アップのためには、多くの情報を整理して考える力が必須。そのためにも、短期記憶を有効活用する方法を覚えておきましょう。

「意味を考える」ことで情報を固まりにする

仮に、１５８２１１９２７９４（いちごぱんつ　いいくに　なくよ）という11桁だったら覚えるのは簡単ですね。でもこれって、11個のバラバラな情報というより、３個の固まった情報という感じがしないでしょうか。これを「チャンク化（＝固まりにすること）」と言います。先ほどのスティーブ・ファルーンの「聞いた数字を陸上競技のタイムにする記憶術」もチャンク化の一種です。チャンク化するには、意味を理解する必要があります。

例えば、149162536496481という15桁を覚えられますか? 意味がわかれば、自然とチャンク化できます。区切れ目が見えるようになります。チャンクを作れた人は覚えられるはずです(解説はこの節のラストに用意していますが、その前によく考えてみてください)。この本を読んでから一ヵ月経ったとしても、「あの本で読んだ15桁は?」と聞かれたら思い出せるでしょう。**「意味がわかる」=「すでに持っている長期記憶と結びつけられる」ということで、格段に覚えやすくなるのです。**

数字以外の例として、料理のための買い物を子どもに頼むとします。「じゃがいも、にんじん、たまねぎ、肉、米」と伝えるだけでは、ちょっと不安です。この5つの材料を記憶に加え、スーパーまでの道順・途中で浮かんだ思い出し笑い・道端での発見に上書きされないよう机の上に残し続ける必要があります。

すでにある長期記憶と結びつけると覚えやすくなる

そこで、「カレーの材料」とひとくくりにしたらどうでしょう。カレーに入っているものをイメージできるなら、そこから考えることができるようになります。倉庫に入っているカレーの情報をもとに、5つの情報を1つのチャンクとして覚えられるのです。

羽生善治さんをはじめとする将棋のプロは、たくさんの盤面・棋譜《きふ》を覚えています。それぞれの駒がどこにあって、次の手が何だったかを思い出すことができるのです。40個の駒が81マスに並ぶのは、単純計算で相当なパターンになります。それを見て暗記できるなんて、普通の人からしたら超人技に思えます。

しかし、完全にランダムな盤面（例えば「二歩」が多発しているような、対戦で絶対にありえない並び）にすると、途端に覚えられなくなるのです。将棋のプロは短期記憶ではなく、将棋の達人です。彼らは盤面を見て、その意味を理解することで記憶しています。そのため、意味がわからない盤面は覚えることができないのです。

短期記憶の量は大きくは増えません。作業机に置けるのは5~9個までです。もし5個しか覚えられないのであれば、鍛えて6個、7個と増やしていくのも大切です。しかしそれ以上に、**意味を考えながら覚える習慣を身につけることで、その1個1個のサイズを大きくして短期記憶を有効活用する**ことのほうがより一層重要なのです。

狭い作業机のスペースを奪う「雑念」と「不安」

ここで、暗算の例に戻ります。24×7の話です。「暗算できない人が超えていないハードル」を思い出してください。作業机の限られたスペースが取り合いになってしまい、混乱してしまうのが、問題を解けない子の頭の中で起きていることです。この場所取り合戦は、問題を解くために必要な情報以外にも参加者がいます。それは「雑念」と「不安」です。

狭い作業スペースの陣取り合戦に参加する「雑念」と「不安」

雑念「このテスト終わったらゲームしよう」
「今日の昼休み楽しかったなぁ」
不安「テストで悪い点を取ったらお父さんに怒られる」「時間が足りない…全部の問題を解けないかも」

これらが、限られた作業スペースを奪っていきます。**問題が解けなくて困っている子、混乱している子に「こんなこともわからないの」「ちゃんと考えなさい」と言うのは完全に逆効果です。**プレッシャーを与えてその子の作業机をさらに狭くしているだけです。

テスト本番に緊張すると失敗が増える、と

いうのは当たり前の話です。脳のスペースを雑念や不安が奪っていくと、本調子で考えられなくなることをお子さん本人にも伝えましょう。何も考えずにリラックスすること、机の上をいったん空っぽにすることが良い結果につながります。

作業机は紙の上に広げられる

ところで、暗算の例について、「そんなの、筆算すればいいじゃん」と思いませんでしたか？　そう、筆算はかけ算の結果をうまくメモすることで、「何と何をかけているか」「一時的な答え」「次に何をすればいいのか」をわかりやすくして、脳の中で考えたり覚えておいたりする情報を減らしているのです。式や図もそうです。**紙に書くことで、頭の中の作業テーブルを頭の外に広げている**のです。

中学受験の内容で、それが顕著に現れるのが「流水算」です。それまでの速さの問題を、式を書かずに頭の中だけで解いていた生徒がつまずきます。静水時の船の速さ、川の流れの速さ、上りのときの船の速さ、下りのときの船の速さ、距離、上りのときにかかる時間、下りのときにかかる時間のように、情報が増えます。船が2つに増えると、情報も一気に

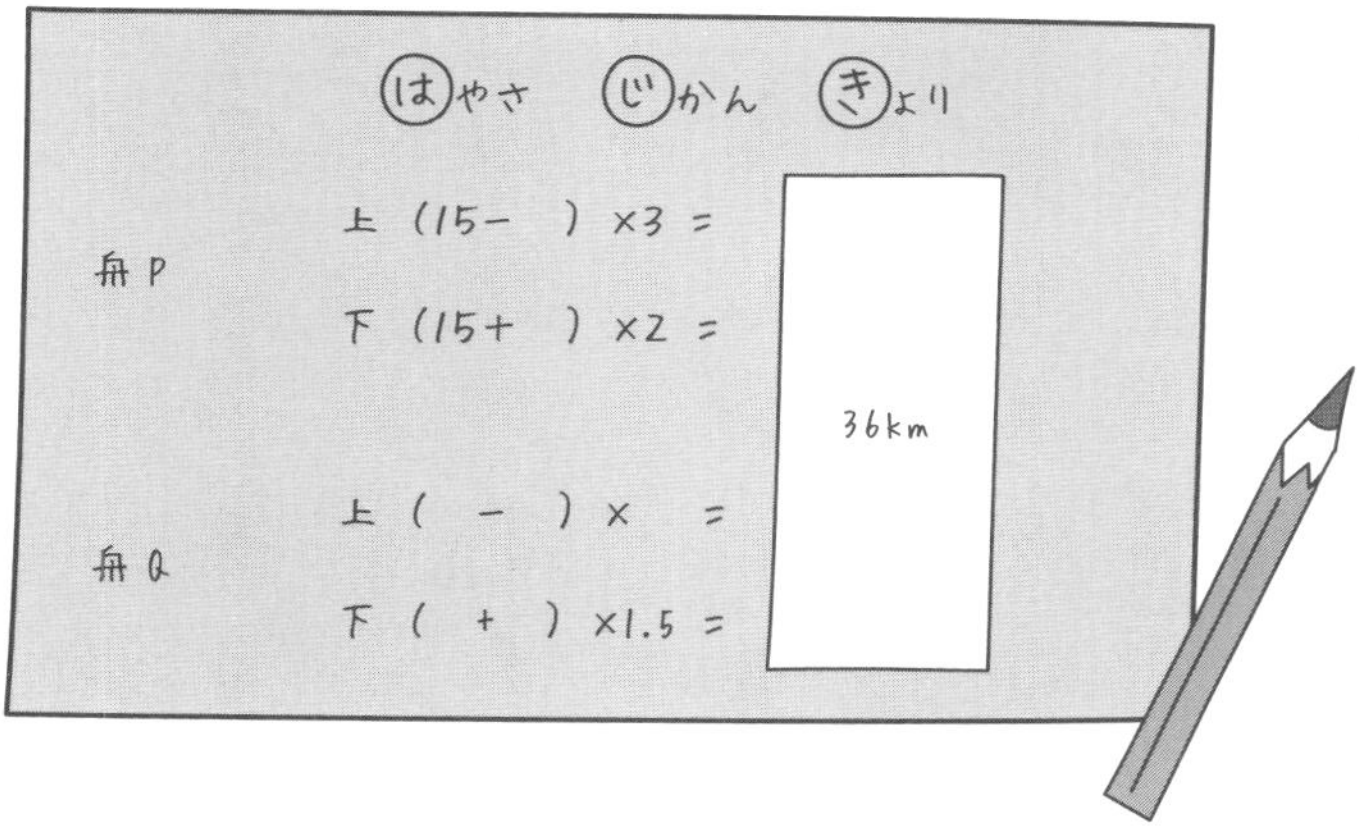

増えます。これを頭の中だけで解こうとすると、情報洪水が起きて混乱してしまいます。

紙にうまくまとめる工夫を覚えること、特に「必ず速さはここに書く」と決めておくことで、思考の量を減らせます。減らした分は、「この問題は基本問題とどこが違うのか」を考える分に回せるわけですね。短期記憶を活用するための3つの効果的戦略、すべて実践していきましょう。

解説

149162536496481は、次のように区切ります。

1・4・9・16・25・36・49・64・81

つまり、同じ数を2回かけた数、「平方数」ですね。ちなみに中学受験では、平方数1×1＝1から20×20＝400まで覚えることは一種の常識となっています。

まとめ

5〜9個しかない記憶容量の1つひとつに入れる情報量を多くしよう。貴重な容量を食いつぶす雑念や不安を取り除き、足りない分は紙に書くことで頭の外に追い出そう。

5 長期記憶の保存と検索のしくみ

さて、短期記憶の話が終わったので、次は長期記憶のお話です。テストのとき、知ってるはずのことをついど忘れ。あとで答えを見て、「あー、そうだ！　これだった！」。そんな悔しい思いを経験したこと、きっとあなたにもあるんじゃないでしょうか。

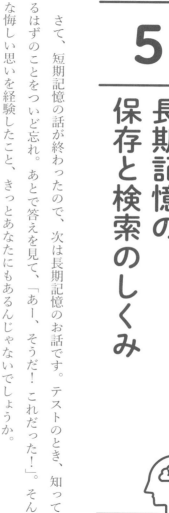

なぜ、こんなことが頻繁に起こるのか？　それは、長期記憶は「保存」と「検索」の2つのメカニズムで、意外と複雑に動いているからです。このしくみを理解して、必要な対策や準備をしておかないと、「あー、知ってたのに……」を繰り返すことになってしまいます。

必要な知識を長期記憶に「保存」しておき、テストなどの必要に応じて「検索」して使えるように、「保存」と「検索」のメカニズムを知っておきましょう。そうすると、2章でお伝えする具体的な「効率のいい学習テクニック」も理解が深まりますよ。

「保存」と「検索」のメカニズム

本章の第3節で、短期記憶は作業机のようなもの、長期記憶は倉庫のようなものとお伝えしました。「保存」と「検索」は、その作業机と倉庫の間でのもののやりとりです。机の上のものを倉庫に移す作業が「保存」、倉庫から出してきて机の上に置く作業が「検索」にあたります。

私たちの脳には、日々膨大な情報が流れ込んできています。この文章を読んでいる今この瞬間にも、あなたの周囲では何か物音がしているはずですし、意識すれば何かしらの匂いを感じるでしょうし、肌に触れる服の感触なども感じるはずです。これらの情報を、すべて覚えておくのはとても非効率的ですよね。だから、私たちの脳はその中から特に必要だと判断される情報を選別して、長期記憶の倉庫に移してくれています。これが「保存」の働きです。

ラグビーについて
短期記憶
ボールを前に投げてはいけないルール
ボールを前に投げるルール
長期記憶
ボールを前に投げるルール
必要なときに必要な知識だけを倉庫から探し出して机に移す

そして、必要なときに必要な知識だけを倉庫から探し出してきて机に移します。必要な知識〝だけ〟とはどういうことか？ 例えば、この本を執筆している今、日本ではラグビーのワールドカップが盛り上がっています。ラグビーとアメフトは、似たようなボールを使い、同じく相手のディフェンスを突破してボールを敵の陣地まで運んでいくと得点になるゲームです。大まかに言えば、よく似ています。

ですが、ルールには違いもあります。アメフトはボールを前に投げてもよいですが、ラグビーは自分より前にボールを投げてはいけないのです。もしアメフトをやったことがあり、ボールを前に投げる技術を学習したことがあっても、ラグビーをやるとなったらアメフトのやり方は忘れておかなければいけません。だから、そういった場合に脳はラグビーのルールとやり方だけを倉庫から出してきてくれます。必要な知識だけを出してくる、というこのイメージができたでしょうか？　これが「検索」の働きです。

私たちは天才的な記憶容量を持っている

記憶力が悪くて……そんな風に嘆く人が大人でも子どもでもいます。しかし、**私たちは誰もが、脳に1000テラバイトもの記憶容量を持っている**そうです。これはフルハイビジョン画質の2時間映画に換算して約4万本分です（1本あたり約25ギガバイト）。ちなみに算国理社のテキストをすべてスキャンしても、4～6年生の3年間分でせいぜい4ギガバイトくらいです。それくらい端から端まで、すべて覚えきってしまえるだけの記憶の倉庫を、私たちは持っているはずなのです。

もし覚えられない・思い出せないというのであれば、それは「保存」か「検索」のどちらかの働きが正しく機能していないだけのこと。正しく機能させれば、誰もが本来の天才的な能力を発揮することができるようになるのです。お子さんにも、「保存」と「検索」の機能の使い方を教えてあげて、天才的な能力を引き出してみてください。

まとめ

記憶は「保存」と「検索」の2つのメカニズムで動いている。それぞれが正しく機能するような勉強法をするのが成績アップのカギ。

6 保存されやすい記憶、検索しやすい記憶

ちょっとイメージしてみてください。あなたは今、1周するのに数日かかりそうなわりと大きな無人島で、長らくサバイバル生活をしています。原因は船が難破したこと。ともにたどり着いた仲間は、みんな死んでしまいました。ある人は食料を探しに森に入ったところで大型の猛獣に襲われました。ある人は食料になりそうな魚を食べたら、毒に当たってしまいました。またある人は……。

そうやって仲間を失いながら、あなたは食べても大丈夫な食料を安全に確保する方法を学習して、何とか生き延びて救助を待っています。何としても生きて帰って、家族にまた会うんだ！　そう強く決意しながら…。

「生きるために大切だ」と脳が判断するかどうか次第

サバイバルに最適化された脳

前節で、長期記憶が「保存」と「検索」という2つのメカニズムで動いていることは理解していただけたと思います。長期記憶は、試験でいい点数を取るためにはとても重要な役割を果たしています。この節では、長期記憶がうまく働くようにする方法の概要についてお伝えします。

その方法を理解するためには、保存と検索のメカニズムは、いつ何のために生まれたのかと関連させて考えるとわかりやすくなります。第1節でも触れたように、私たち現代人の脳は、ホモ・サピエンスが誕生した20万年前からほとんど変化していません。その時代は狩猟採集の生活です。先ほど想像していただいたような、自然の中で危険な敵を避けながら食料を探し、食べて、生き延びる。私たちの長期記憶の能力は、そういった狩猟採集生活を生き抜くために作り上げられたものなのです。

記憶への定着は、その狩猟採集時代の価値基準で考えたときに「生きるために大切だ」と脳が判断するかどうか次第なわけです。その時代にはテストなんてありませんから、残念ながら脳は「テストに出る」＝「生きるために大切だ」とは判断してくれません。だから覚えておきたいと思っても、せっかく勉強したことを脳は記憶から勝手に捨ててしまうんですね。**私たちは自分の脳に、この情報は「生きるために大切だ」と誤認させなければいけないのです。**

生きるために大切な2つの記憶

では、「生きるために大切な情報」とはいったい何でしょうか？　ここでは最も重要な2点を覚えておきましょう。それは**「よく使う記憶」と「感情を動かされた記憶」**です。

生きるために大切な２つの記憶

よく使う記憶

財布など毎日使う物はなくしにくいが、取扱説明書など滅多に使わない物は行方不明になりやすい。

感情を動かされた記憶

1ヵ月前の晩御飯は思い出せなくても、誕生日のディナーは覚えている。悲しいなどのマイナスの気持ちはプラスの気持ちの1.5〜2.5倍記憶に残りやすい。

「よく使う記憶」が思い出しやすいことは、きっとイメージしやすいでしょう。例えるなら、毎日使うスマートフォンや財布は、行方不明になりにくいのと同じです。それに対して、滅多に使わない家電製品の保証書や取扱説明書は、いざ必要になっても見つけられなかったりします。使わないだろうと思って捨ててしまっている（保存されていない）かもしれませんし、どこに仕舞ったかがわからなくなってしまった（検索不能）かもしれません。

これと同じことが「知識」でも起こっています。頻繁に使わない知識は、私たちの脳は「もう使わないもの」と判断して捨ててしまったり、あるいは保存されていても記憶の倉庫の奥深くで行方不明になって、見つけ出すことができなくなったりするのです。**何度も復習して、この知識は使うものだと脳に認識させることは、面倒ですが必要なこと**なのですね。となると、**重要になるのはいかに少ない復習で最大の効果を出すかという工夫**になってきます。

また、「感情を動かされた記憶」が思い出しやすいことも、感覚的に納得できるでしょう。普通は1ヵ月前の晩御飯に自分が何を食べたか思い出せませんが、それが誕生日のお祝いディナーだったり、旅行先で食べた名物料理だったりしたら話は別です。**嬉しい気持ち・楽しい気持ちによって、その記憶はしっかり保存され、検索されやすくなります。**勉強でも、話が面白い先生の授業はわかりやすく感じますよね。実際に、記憶に残りやすくなっているのです。

思い出しやすいのは、嬉しい・楽しいといったプラスの気持ちばかりではありません。悲しい・悔しい・恥ずかしいといったマイナスの気持ちでも同じです。むしろ**記憶に残りやすいのはマイナスの気持ちのほうだと言えるかもしれません。ノーベル経済学賞を受賞**

したダニエル・カーネマンの研究によると、同じ程度の利益と損失を比べると、損失のほうがより大きく感じられるそうです。その強さは1.5〜2.5倍くらいになるとか。その分だけしっかり記憶に残って忘れなくなりそうですよね。

なぜマイナスのほうが強く感じるかと言えば、サバイバルな環境の中で、「生きるために大切」なのは、命に関わる危険情報を忘れないことだからです。「あそこに行ったら美味しい食べ物があった！」という喜びより、「あそこに行ったら猛獣に仲間が喰われた」という恐怖のほうが、重要度が高いということです。

だからと言って親としては、「これを覚えていなかったから、お母さんにめっちゃ怒られた！」という恐怖で、勉強内容を記憶に残すようなことはしたくないですよね。できれば「楽しいから覚えちゃった！」という風になってほしいものでしょう。そこで、4章第1節では子どもを勉強好きにさせる方法について書いています。参考にしてください。

また、前著『「やる気」を科学的に分析してわかった小学生の子が勉強にハマる方法』は、丸ごと1冊子どもを勉強好きにさせるための方法について詳述した本ですので、ぜひ手に取ってみていただければと思います。

まとめ

記憶に残すためには、結局は「楽しくやる」ことと「何度もやること」が大切。できる限りやらなきゃいけない回数を減らすために、良いやり方を知っておこう。

7 「漢字は何度も書けば覚える」は本当か？

あなたは子どもの頃、漢字の練習で何度も書かされたことはありませんか？　やらされた人にはかわいそうですが、「はじめに」でもご紹介したように、この**「何度も書く」という行為は典型的なダメ勉強法の1つ**です。ちなみに私もその被害者の1人です。

厳密に言えば、書いて練習することには効果がある場合と効果がない場合があるのですが、効果がないのにやらせてしまっている場合が多いのです。そこで、この節では長期記憶をもう少し細かく分類しつつ、それと絡めて「何度も書く」勉強法はどんな場合なら効果があるのかについて知っていただこうと思います。

意味記憶とエピソード記憶と手続き記憶

長期記憶はまず、宣言記憶と手続き記憶に分けられます。宣言記憶とは、記憶された情報が言葉で表現可能なものです。これは、覚え方・利用のされ方によって、さらに意味記憶とエピソード記憶に分けられます。「意味記憶」とは一般的知識に関する情報であり、例えば「ものが燃えるには①酸素と②燃えるものと③発火点以上の温度が必要」といったものです。「エピソード記憶」とは個人的な思い出に関する記憶であり、「昨日の授業でものが燃える3条件を習った」というような「いつ」「どこで」が含まれる記憶です。

新しい知識は、まずはエピソード記憶として覚えることになります。その情報を様々な場面で利用したり、何度も繰り返し学習したりすることで、一般的な知識としての意味記憶となっていきます。ですから、**知識を定着させるためには、まずエピソードとして覚えやすいように工夫することが必要になります。**

言葉で表現できる宣言記憶に対して、言葉で表現できないものは手続き記憶と呼ばれま

- 長期記憶
  - 宣言記憶　言葉で表現できる記憶
    - 意味記憶　一般的知識に関する情報
    - エピソード記憶　個人的な思い出に関する記憶
  - 手続き記憶　運動技能や段取りなど言葉で表現できない記憶
    - 行動レベル　泳ぎ方、自転車の乗り方、料理の進め方など
    - 認知レベル　文章題の解き方、九九など

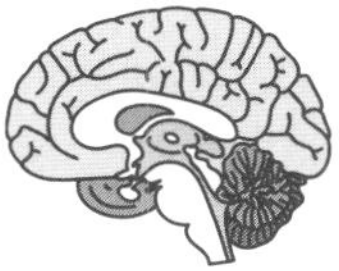

す。これは例えば運動技能や段取りに関する記憶です。わかりやすい例で言えば、「泳ぎ方」や「自転車の乗り方」です。手続き記憶は、実際に身体を動かす行動レベルのものと、表面的には体を動かしていないけれど、ある特定の処理を繰り返すことで習得される認知レベルのものとがあります。

行動レベルのものは、先ほどの「泳ぎ方」「自転車の乗り方」に加えて、私たち塾講師や学校教師の「授業の進め方」や、普段ご家庭でされているであろう「料理の進め方」などが含まれます。認知レベルになると、「LとRの発音の聞き分け」や「九九」「文章題の解き方」「長文の要約の仕方」などがあります。

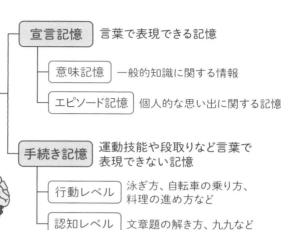

これら手続き記憶の最大の特徴は、本人の反復練習によってのみ習得が可能ということです。「自転車の乗り方」も「九九」も、人に説明されてもできるようにはなりませんよね。「料理の進め方」も、手際よくできるようになるためには経験を積む以外にありません。レシピを見るだけでは、手際の良さは習得できないのです。

そして、重要なことですが、「文章題の解き方」や「長文の要約の仕方」、要するに算数と国語の解き方も手続き記憶に含まれます。つまり、授業で先生から説明されるだけでは、まったくできるようにはならないということ。インプットにはあまり意味がないのですね。

自分でやってみて、うまくいかなかったときに解説を聞くことで、自分の考え方のどこがいけなかったのかを確認して修正していく。インプットではなく、そういった「フィードバック」こそが必要になるのです。「泳ぎ方」の習得と同じですね。水泳のコーチは、泳ぎ方を説明してインプットで泳げるようにしてくれるのではなく、泳いでいる姿を見て「フィードバック」をして、泳げるようにしてくれます。それと同様に算数と国語の勉強においては、「やってみること」と「フィードバック」が必須だと覚えておきましょう。

書いて覚えることにプラスの効果があるもの・ないもの

実験材料	例		効果
漢字	委員	価格	×
単語	そら	あみ	×
無意味なつづり	エウ	クケ	×
英単語	key	red	×
発音できる英無意味つづり	wom	rul	×
発音できない英無意味つづり	jzp	ndx	×
ハングル文字風無意味つづり			○
漢字風無意味図形	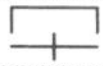		○
アルファベット風無意味つづり			○
アラビア文字	ذ	ش	○
アラビア文字の読み	ザール	シーン	×

※出典：仲真紀子「記憶の方法：書くとよく覚えられるか？」(1997)

漢字の書き取りが効果的な場合

さあ、それでは最初に戻って、「漢字は何度も書いたほうが覚えやすいのか？」のお話です。じつは、これは場面によって異なります。上表は、さまざまなものを見て覚えた場合と、書いて覚えた場合を比較し、書いた場合にプラスの効果があったものに○をつけたものです。×は特に効果がなかったわけですから、書くのはムダな努力ということです。つまり、「ダメ学習法」ということですね。

これを見ると、どういった場合に書くことに意味があるのかがわかります。**無意味**

な図形やアラビア文字など、形を思い出すことが困難な場合は書くのが効果的です。形を覚えるのは手続き記憶だったということですね。

それに対して、**熟語を覚えるといった場合は、書くことの効果はありませんでした。**つまり、どの漢字とどの漢字の組み合わせなのかを思い出すことに困難があるだけで、思い出した漢字を書くことに困難があるわけではなかったということです。熟語は「意味記憶」だったということですね。

このことから考えると、小学校1年生でひらがな・カタカナ・基本的な漢字の形を初めて覚えるときには、書いて覚えることが必要になりそうです。では、小学校中学年以降に新たな漢字を習得するときはどうでしょうか? 例えば、「鬱」という字を覚えるときについて考えてみましょう。この場合にも、この漢字の形を1つの塊として覚える場合には、何度も書いて練習する必要があるでしょう。それに対して、これをパーツごとに分解した場合にはどうなるでしょうか?

鬱
「林」の中に
空き「缶」捨てて、
屋根（ワ）の下で
鍋に米を入れて、
火（ヒ）の上にかけて
3分間
林の中に…
パーツごとに分解すれば書かずに覚えられる

「林」の中に空き「缶」捨てて、屋根（ワ）の下で鍋に米を入れて、火（ヒ）の上にかけて3分間。そんな感じで語呂合わせにでもすれば、熟語を覚えるのと同様に「意味記憶」になり、書かずに覚えることができますね。

日本の漢字の約9割は「意味」と「読み方（音読み）」の組み合わせでできています。こういったタイプの漢字は形声文字と呼ばれます。例えば、晴（セイ）＝日＋青（セイ）です。晴れているという意味だから、お日さまの日が部首になり、セイと読む字がつくりになっているなと分解して考えることができれば、先ほどの鬱と同じく書いて覚える必要はないわけですね。

漢字がパーツの組み合わせでできているのが理解できる部首トランプ

※発売：太郎次郎社エディタス　写真提供：日本親勉アカデミー協会

書くことは少なからず時間がかかり、また手が疲れるので、子どもは嫌がる場合が多いです。ですから、書かずに覚えられるようにしてあげたいですよね。そのためには、**漢字はパーツの組み合わせでできているということを感覚的に理解させてあげてください。そうすれば、約9割の漢字は書かずにサラッと覚えることができる**ようになりますよ。

パーツの組み合わせでできていることを感覚的に理解させるためには、小学校に入る前後くらいから、部首トランプなどで遊ぶのが効果的です。

道具を使わない遊びも、工夫次第でいくらでもできます。高学年の生徒たちが盛り上がった遊びだと、「1分間でくさかんむりの付く漢字をどっちがたくさん書けるか競争」や、「漢字のパーツでしりとり（花→貨→貯→町→男……）」があります。低学年・未就学児の子なら、「1分間で新聞の1面からくさかんむりの付く漢字を何個見つけられるか競争」のようにしてもいいでしょうね。ぜひ日頃から、そういった遊びを通じて、漢字をパーツに分解する目を養ってあげてくださいね。

最後になりますが、**手続き記憶は習得するのは大変な反面、一度身につけたらそうそう忘れないという大きな利点もあります。**自転車の乗り方は、数ヵ月乗らなくても忘れないですよね？　これは国語や算数の解き方も同様です。多くの場合、手続き記憶の習得は、手間をかけるだけの価値があります。無意味な手間だけ削減できるようにしましょう。

まとめ

長期記憶には、意味記憶とエピソード記憶と手続き記憶がある。このうち手続き記憶は「経験」によってしか習得できないので、やってみることが大切。「文章題の解き方」などは解説を聞くだけではできるようにならないので要注意！

第2章

脳のつくりに合わせて効率的に学習させよう！

なんで
同じ問題を
繰り返さないと
いけないの？
繰り返しって
退屈〜
恋も勉強も
誤解からっての〜
それは
「よく使う記憶は
大切に違いない」
と
脳に思わせる
ためなんじゃ
コイ?!
何言ってんの?!
解き直しを
するか
しないかで
脳が覚える
量が違うの
じゃよ
なんと
3〜6倍
違うんじゃ
えっそんなに?!
ヒソヒソ
なら
一気に3回
繰り返せば
いいじゃん
それもな
間を開けた
ほうが脳が
覚えるん
じゃ
おぬしはよく
考えるのう
ニコニコ
なら
どのくらい
間を開けたら
いいの？
もーっ
それは
これじゃ！
じゃーん
1日後
↓
1週間後
↓
1カ月後
の、計3回！
なにこの
ペース〜
これが最高の
効果を出す
繰り返し方
じゃて
うえ〜
どーせやるなら
おトク感〜
フォフォ

同じものをやり続けるより色々なものを交ぜるのも効果あるんじゃ
今日の予定
算数
算数
国語
国語
音楽
社会
へー
色々やるほうがいいんじゃ
ポイントがわかってきたかの
ずずっ
あのう…
僕はよくのぶちゃんの「わかった!」に騙されているんですが…
わかった!!
ホントにわかった
?!
アレはどうすればいいですか?
うむうむ
子どもあるあるじゃのう
フフ…
クルッ
のぶちゃん、さっきやってた問題をワシに教えてくれるかの
いいよー
こんな風に子どもに解説してもらえばよいのじゃ
合同な三角形の書き方は3通りあって…
3つめはなんだったかな?
わかってないところを自覚できるぞ
神!!!

1 効く反復学習とダメな反復学習

学習の王道は、何と言っても「繰り返すこと」です。私たちの脳は、「よく使う記憶は大切に違いない」と考えます。だから反復学習をするかしないかの差はとても顕著です。ちゃんと学習を繰り返せば、基本的には学力は伸びていきます。

にもかかわらず、真面目にコツコツ繰り返していても、なぜかなかなか点数が伸びていかない。そういう子が時々います。そうするとお父さんお母さんとしては、見ていてもどかしかったり、あるいはかわいそうになってしまったりして、悩み深くなりますね。そんな「要領の悪い反復練習」になってしまう原因は何なのでしょうか？　この節ではその原因の指摘とともに、改善方法をお伝えします。

学力を伸ばす効果的な「解き直し」とは

伸学会では、「実験」と称して、子どもたちと一緒にいろいろな勉強法の比較を行っています。その中でも顕著に差が表れるのが、「解き直しをするかしないか」を比べる実験です。だいたい3〜6倍くらい覚えている量に差が出ます。結局のところ、**誰にでもできる勉強の王道は、「解き直し」をちゃんとすることです。**このことは、科学的な実験でも確認されています。

アメリカ、パデュー大学のカーピック博士がワシントン大学の学生を対象に、スワヒリ語を40単語、繰り返しテストしながら覚えてもらうという実験を行いました。学生たちを2つのグループに分け、一方は間違えたものがあったらすべて覚え直し、もう一方は間違えたところだけを覚え直します。そしてさらに、それぞれのグループを半分ずつに分け、一方は再テストをするときにはすべての問題を解き直し、もう一方は間違えたものだけを解き直します。つまり、組み合わせとしては次の表のような4つになるわけです。

	すべて再テスト	間違いだけ再テスト
すべて覚え直し	A 80%	B ？%
間違いだけ覚え直し	C ？%	D 33%

カーピック博士は学生たちに、満点が取れるまで覚え直しと再テストを繰り返させました。どのグループもすべて覚えるまでにかかった回数はほぼ変わらず、4～5回も繰り返せば皆満点が取れるようになりました。時間や手間という点では、間違えたものだけ覚え直して再テストするほうが賢いと思われるかもしれません。しかし、1週間後に抜き打ちで行ったテスト結果を見たら、きっとそうは思わないでしょう。

手間を惜しまずすべて覚え直し、すべて再テストしていたAグループは1週間経っても40問中平均して約32問正解したのに対し、間違えたところだけをやっていたDグループは半分以下の14問ほどしか正解できなかったのです。

そして、残りの2グループ、BとCですが、この2つも驚く結果でした。一方はAとほぼ同じスコア、もう一方はDと

	すべて再テスト	間違いだけ再テスト
すべて覚え直し	A 80%	B 36%
間違いだけ覚え直し	C 80%	D 33%

ほぼ同じスコアだったのです。どちらがAと同じく優秀なスコアだったか、わかりますか？　予想してみてください。

さて結果は……成績がよかったのはCグループでした。あなたの予想は当たっていましたか？

学習効率に違いをもたらすテスト効果

学習効率を考えるのであれば、かかった時間も加味しなければなりません。それぞれどの程度の時間がかかったかもカーピック博士は計ってくれています。それによると、すべて覚え直してすべて再テストをしたAにかかった時間を１００とすると、B、Cともに75くらい、Dは50くらいでした。再テストを減らすと手間は少し省けますが、覚えた量が半分以下になりますから、まったく効率的ではありませんね。

一方、覚え直す作業に関しては、できたものは覚え直さなくても正答率には差は出ませんでした。**できているものを再度覚え直す作業はなくすのが効率的**と言えます。この実験結果から、**人は「覚える」ということをしても記憶には残らず、「テスト」を行うことで記憶が定着する**のだということがわかります。これは「テスト効果」と呼ばれます。そのままですね（笑）

脳のしくみはインプットよりもアウトプットを重視しています。しかも、私たちが考えるよりもだいぶ偏重しています。**頑張っているように見えるのに成績が上がらない子は、インプット過多のケースが多い**のです。例えばテスト1回目で良い点を取ろうとして、その前に何度もテキストを読み込んで覚えようとしたり、ノートをきれいに書き直したり。しかし、そういったやり方は効率が悪いとわかりましたね。**繰り返すべきなのはインプットではなく、アウトプットのほうです。**このことをよく覚えておきましょう。

まとめ

アウトプットを繰り返すと、記憶は定着し忘れにくくなる。インプットはわからなかったときに必要な範囲ですれば十分。

2 集中学習と分散学習——効果的なのはどっち?

試験の前日に慌てて一夜漬け。あなたはそんな勉強のやり方をしたことはありませんか? 漢字テスト直前に、試験範囲の漢字を慌てて見るといった勉強はどうでしょうか? 正直に言えば、私はそういった勉強法を繰り返していたタイプの人間です。試験が終わるたびに、「次の試験こそ、もっと前から勉強しておこう…」と思いました。でも、そんな反省も、のど元過ぎれば忘れるもので…。

一気に全部勉強するより、毎日少しずつ勉強するようにしたほうがいいんじゃない? そんな風に母に言われたことは何度もありました。ですが当時の私は、覚えたことを忘れないうちに試験を受けられるからテストで点を取るためには有利だ、と思っていました。しかし、そのツケは高くつくことになります。中1~2の頃は何とかそんな勉強の仕方でしのげていましたが、中3くらいからはどうにもならなくなりました。その理由が今ではよくわかります。

一気に覚えたら一気に忘れる

短期集中的な学習は、テストが終わって1ヵ月もすれば、記憶からきれいに消えてしまうのです。このことは科学的に実証されています。

サウスフロリダ大学のダグ・ローラーとケリー・テイラーが、大学生を対象にこんな実験を行いました。学生たちに世界各国の国名と都市名の組み合わせを覚えさせます。例えば「タララ：ペルー」といったもので、事前調査での正答率1・4％のマイナーな都市ばかりが選ばれています。

このときに学生たちはグループごとに分かれ、それぞれ5回または20回の答え合わせ付きのテストを行いました。たくさん勉強させてもらえたグループは、4倍も勉強するチャンスがあったというわけです。そして、勉強が完了したあと、学生たちはさらに3つのグ

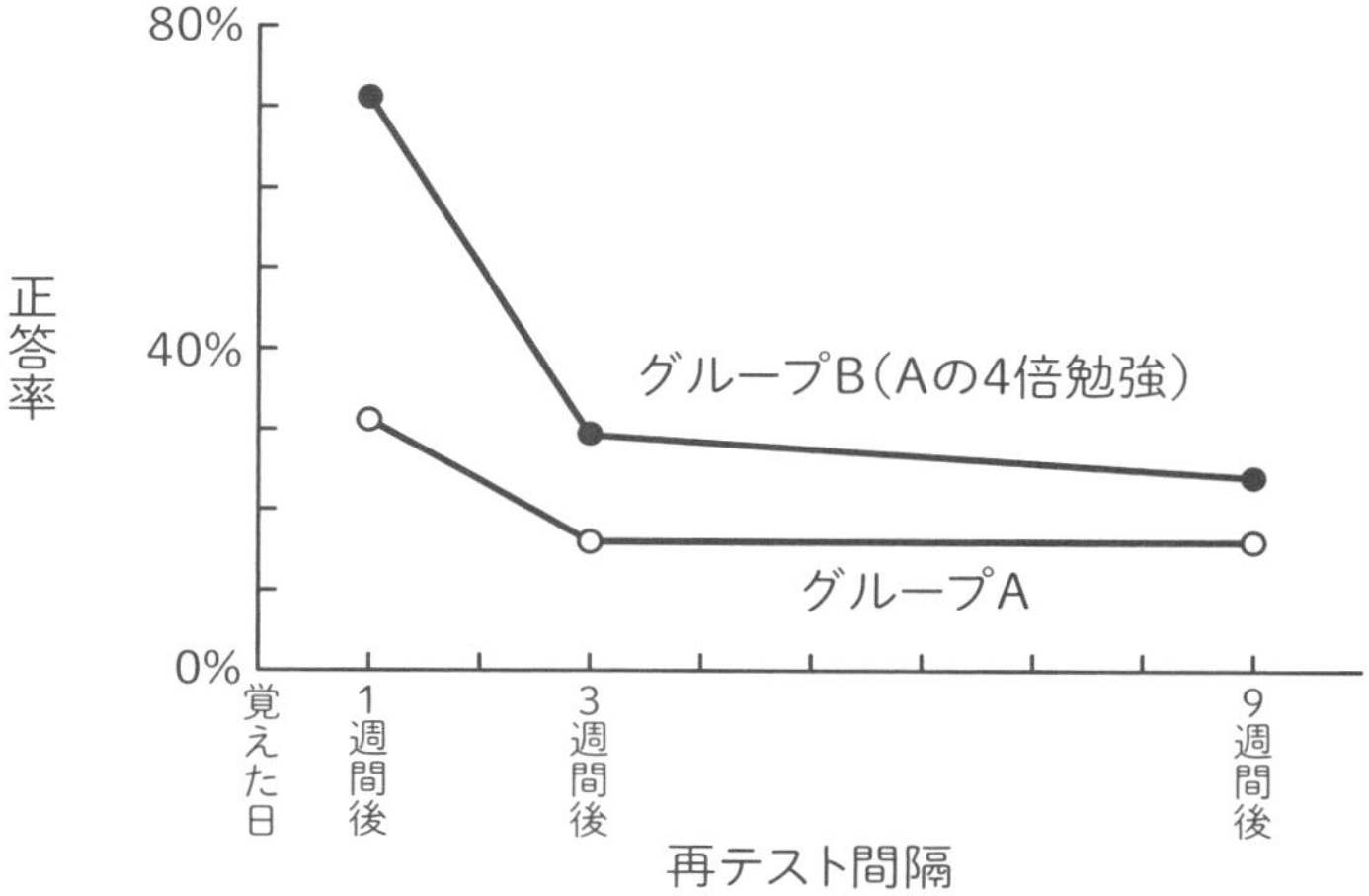
80%
40%
0%
正答率
グループB（Aの4倍勉強）
グループA
覚えた日
1週間後
3週間後
9週間後
再テスト間隔

ループに分かれ、1週間後、3週間後、または9週間後に確認テストを受けました。

その結果、テストが1週間後だった場合には4倍も勉強した成果は確かに見られましたが、3週間経つと差はぐっと縮まり、9週間経つとさらに差は小さくなっていました。4倍もの手間と時間をかけた甲斐があるとはとても言えませんね。目先のテストを切り抜けることだけが目的ではなく、覚えた内容を長期的に記憶していたいのであれば、集中学習は得策ではないとわかります。

このような結果は、この実験のような単純な知識の暗記だけでなく数学のような考える

・提出直前に宿題をやる
・出されてすぐ宿題を片づける
集中学習は効果が薄い。 分散してやろう

問題でも同様だそうです。私の場合も、英語や数学などの積み重ねが必要な科目が、どうにもならない事態に陥りました。まさにツケがどんどんたまってしまったのです。

記憶に残すためには分散学習を！

前節でもお伝えしたように、結局のところ勉強した内容を定着させるためには、復習が不可欠です。何度も繰り返すことで、学習したことが身についていきます。ただし、**復習は一気に何度もやってはいけません。**そのような集中学習は効果が薄いことがわかっていただけたと思います。復習するときには何回かに分けて、時間を分散させて勉強するようにしましょう。

このような「集中学習」は、宿題を提出直前にやる子（昔の私のように男の子に多い）だけでなく、出された宿題はすぐにすべて片づけてしまう真面目な子（女の子に多い）でも同じことです。真面目なことがかえってあだになってしまうのは、本当にもったいないですね。ぜひ、お子さんには「分散学習」が効果的ということを教えてあげてください。

まとめ

勉強はまとめてやらずに分散してやろう。宿題を一気に片づけるのは、ギリギリでも早くてもどっちもNG!

3 記憶しやすい最初と最後を作り出す

第一印象で受けたイメージは記憶に定着しやすく、なかなか覆らない。そんなことをどこかで聞いたことはありませんか？　だから、恋愛やセールスの世界では、初対面のときに良い印象を与えるように気をつけなければいけないそうです。これは「初頭効果」と呼ばれ、ちゃんと心理学的な根拠があるものです。ただ、本書は恋愛やセールスの指南書ではなく、「効率の良い学び」の指南書ですから、この「初頭効果」を生かした有効な学習法についてお伝えしていきます。

最初と最後は記憶に残りやすい

例えば、ちょっとここで歴代首相を思い出そうとしてみてください。パッと思い出せるのは初代の伊藤博文首相と、現職（執筆中の２０２０年２月現在）の安倍晋三首相ではな

歴代首相で
パッと思いつくのは？
伊藤博文と
安倍晋三！
最初と最後は覚えやすい

いでしょうか。在任期間が長いので、そろそろ安倍首相の前は誰だったかわからない方も増えているかもしれません。途中の首相は、吉田茂や田中角栄といった有名どころ以外はなかなか思い出せないんじゃないでしょうか。

最初が記憶に残りやすいのは先ほど書いた「初頭効果」と呼ばれ、最後が記憶に残りやすいのは「親近性効果（終末効果）」と呼ばれます。これらを合わせて「系列位置効果」と呼ばれますが、要するに **「最初と最後は覚えやすい」** と覚えておきましょう。

この系列位置効果は、大きな枠組みでも小さな枠組みでもどちらでも起こります。例えば、子どもに1日で47都道府県の名前をすべて覚えさせようとする場合、北から南へ順に学習していくと北海道・青森・鹿児島・沖縄あたりは覚えやすく、途中はあいまいになります。また、2～3ヵ月かけて地方ごとの産業などを北から南へ順に学んでいくとすると、やはり最初に学ぶ北海道・東北と最後に学ぶ九州・沖縄は記憶に残りやすく、途中で学ぶ中部地方などがあいまいになります。

覚えたいものは最初か最後にやろう

1日の中で記憶に残りやすい時間帯は、いつでしょうか？　それは朝起きた直後と、夜寝る前です。その時間は勉強しましょう。では、これから30分間勉強するとして、記憶に残りやすいのはいつでしょうか？　もちろん最初と最後です。最初と最後に最も覚えておきたいことを学習しましょう。例えば、最後にはそれまで勉強した内容の「まとめ」を考えたりするとよいですね。

そして、**学習する順序は時々入れ替えましょう。**先ほどの地理の学習例で言うと、復習するときには近畿地方から始めて中部地方で終えたりすると、真ん中あたりの穴がなくせ

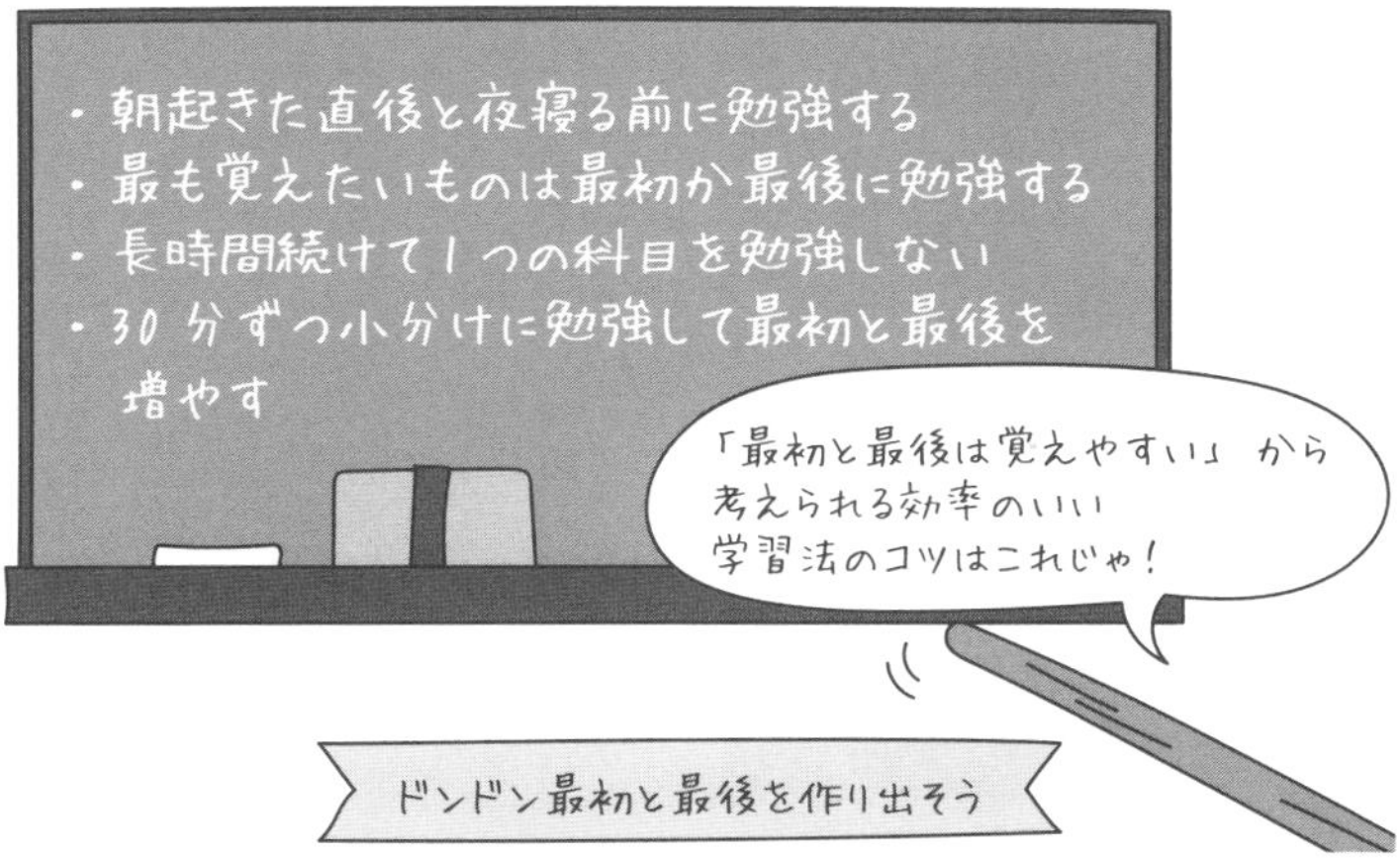
・朝起きた直後と夜寝る前に勉強する
・最も覚えたいものは最初か最後に勉強する
・長時間続けて１つの科目を勉強しない
・30分ずつ小分けに勉強して最初と最後を増やす
「最初と最後は覚えやすい」から考えられる効率のいい学習法のコツはこれじゃ！

ドンドン最初と最後を作り出そう

ますね。

また、「3時間ぶっ続けで1つの科目・単元を勉強する」というような集中的な学習は避けましょう。結局、真ん中あたりで勉強したことは記憶からこぼれ落ちてしまいます。それよりは30分ずつ6つに分けて勉強したほうが、最初と最後が6倍に増えるから覚えやすくなりますね。

同じように学習していても、記憶に残りやすいのは最初と最後です。もともとある最初と最後をうまく活用したり、さらには意識的に最初と最後を作り出したりして、より学習効率を上げていきましょう。

まとめ

「記憶に残りやすいのは最初と最後」をうまく活用しよう。科目をこまめに切り替えたり、勉強するときの順番を入れ替えたりすると効果的。

4 記憶に定着しやすい黄金の学習サイクル

第2節で、集中学習は効果が薄いので、復習は何回かに分散してやったほうがよいということがわかりました。すると、今度はこんな疑問がわいてきますよね。

「どれくらい間隔を空ければいいの？」

数時間でしょうか？　数日？　数週間？　じつは、これについても実験が行われ、テストまでの間隔によって変わることがわかりました。

1回しか復習する時間がない場合、いつが効果的か？

２００８年、ニコラス・セペダとダグ・ローラーが１３５４人もの被験者を対象に実験を行い、その結果をまとめました。それによると、１回目に学習してから試験までの期間のおよそ20％程度の時間が経過したときに2回目を学習するのが効果的とのこと。そして、

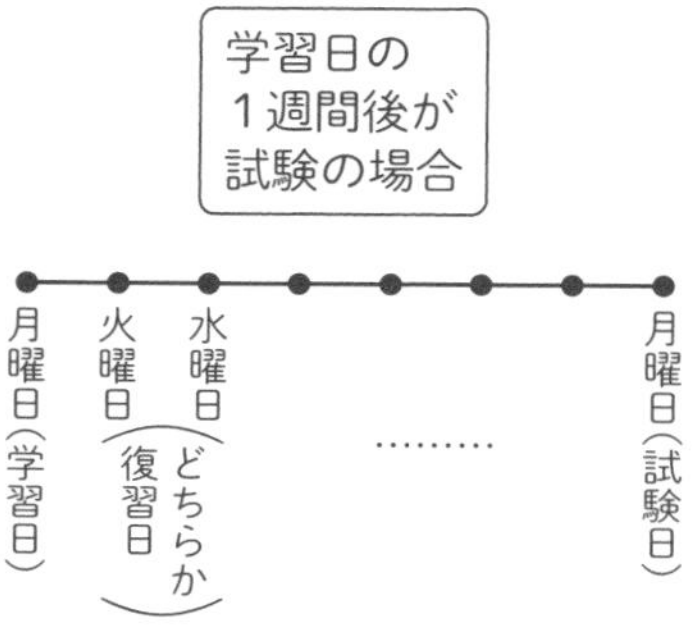

学習日の1週間後が試験の場合
月曜日（学習日）
火曜日
水曜日
どちらか（復習日）
……
月曜日（試験日）

試験までの期間が長いほど割合が減少するそうです。

具体的には、最も成績がよかったのは次のタイミングとのことです。

1週間後に試験：1〜2日後に2回目を学習
1ヵ月後に試験：1週間後に2回目を学習
半年後に試験：3週間後に2回目を学習
1年後に試験：1ヵ月後に2回目を学習

何回も復習できる場合、どの間隔が効果的か？

また、これよりもはるか前の1980年代前半、ピョートル・ウォズニアックという研究者が、効率の良い学習サイクルを見つけるための実験を行っています。彼は自分が英語を効率よく学ぶための最適な学習間隔を見つけようとして、自身を実験台にしました。

学習しなければならないものを3つのグループに分け、それぞれ間隔を空けてテストを

【問題】 復習の
ナイスタイミングはいつ？
ハイッ
1日後・
1週間後・
1ヵ月後！
1
復習は効果的な間隔でやろう

し、覚えていられる時間をデータとしてまとめたのです。その結果、一度学習したことは2〜3日は覚えていられることに気づきました。そして、学習した翌日に一度復習すると、覚えていられる時間が1週間に延びました。1週間後にまた復習をすると、今度は1ヵ月覚えていられるようになりました。

ニコラス・セペダの実験は、もし1回しか復習しないとしたらいつやるべきかを示しています。当然1年後の試験までに1回しか復習しなければ、テストではまともな点数は取れません。「他のタイミングで復習するよりはマシな結果になる」というだけです。

それに対してウォズニアックの学習サイクルは、複数回復習することを前提に、覚えた内容をそのままほぼ覚えていられる期間を調べたものです。条件設定は違いますが、両方を合わせて考えると、**だいたい1日後・1週間後・1ヵ月後に復習するとよさそう**だということが見えてきますね。

もちろん、特に大事なことでしたら、もっと繰り返し繰り返し学習すればより定着します。しかし、それには学習計画の管理が複雑になるというコストがついてまわります。それとのバランスを考えれば、**計画的な復習は2〜3回くらいで終わらせるというのが妥当なライン**ではないでしょうか。どうせ模試などでまた出てきて復習する機会が必ずありますから。

等間隔に復習するのも効果アリ

なお、近年の研究では、間隔を徐々に広げるよりも、等間隔なほうが記憶に残りやすいことを示す結果も出ています。ただし、等間隔に復習を割り振ろうとすると、ゴールを設定して、そこまでの期間を等分しなければいけません。そのゴールは目前の小テストか、少し先の模擬試験か、遠くの入試か、どれにすればいいのでしょうか? ちょっと困ってしまいますよね。ということで、このあたりはあまり「完璧」「最高」のやり方を追求したりせず、**「細かいことは考えなくても、分散してやれば効率がよくなる」**くらいに考えておきましょう。

最後になりますが、実際に子どもに複数回に分けて学習させようとすると、やるのを忘れていたということが多発します。宿題(2回目の学習)をさせて、時間を空けて解き直し(3回目)までさせるだけでもどれだけ大変かは、教師も保護者もよく知るところです。この「分散学習」は誰にでもできそうなことですが、ちゃんと子どもにやらせるのはそれなりに難しいものです。そう考えると、自己管理ができる子に育てることが、やはり最も大切なことですね。

まとめ

勉強はまとめてやらずに分散させよう。基本は1日後・1週間後・1ヵ月後の3回。1週間後・2週間後・1ヵ月後のようにやってもOK。やり忘れないように予定を管理することが一番大事。

5 ブロック学習 V.S. ランダム学習

・家では解けた問題が模試だとできない。
・できなかった問題の解き直しを家ですると、「何だ、こうすればよかった」とすぐ気づく。

あなたのお子さんにそんなところはありませんか？ じつは、これは成績がなかなか伸びない子の多くに共通するパターンなのです。

出題範囲が広くなると成績が下がる…

中学受験本番では、「この問題はつるかめ算ですよ」なんてことはどこにも書かれていません。ですから、「そもそも、この問題は何なのか？」を見破る力が必要になります。「この問題は面積図で解く。なぜなら、つるかめ算だからだ」「この問題は主人公の気持ちを

この問題、
どうやって解くの?
それは自分で
見破りなさい
「そもそも、この問題は何なのか?」を見破る力が必要

書く。なぜなら物語文で『なぜ』と理由を聞かれているからだ」というように。

お子さんはカリキュラムテストやマンスリーはできるのに、公開模試やサピックスオープンになると成績が下がったりしていませんか? それはこの「見破る力」の不足が原因です。そういう子は入試では不合格になってしまいます。悩まれて塾の先生に相談されても、多くの場合は「カリキュラムテストでちゃんと成績を取っていれば、公開模試の成績も伸びてきます」みたいな返事ばかりです。

中には待っていれば伸びてくる子もいますが、残念ながら多くの場合はそうはなりません。ほとんどの子はいつまで経っても成績が上がらず、6年後半になるとむしろ下がり続けます。なぜなら、成績が上がらないのは勉強のやり方が間違っているからです。その間違いが直らない限り、力はつきません。

同じ学習量でも2倍の定着率の反復法

多くの子は、単に繰り返しやれば力がつくと思っています。確かに学習の基本は反復練習です。それは間違いありません。しかし、じつは反復のやり方次第で、成果に大きな差が出るのです。それを示す実験に、例えばこんなものがあります。

2007年、サウスフロリダ大学のケリー・テイラーとダグ・ローラーは、24人の小学4年生（男子女子それぞれ12人ずつ）を対象に、算数を教える実験を行いました。次の図のような角柱の面・辺・頂点・角の数を求める計算方法を教えます。そして、練習として4種類各8問ずつ、合計32問の問題を解かせます。その際に、24人を2つのグループに分け、問題を解く順序を少し変えさせます。

ケリー・テイラーとダグ・ローラーの実験

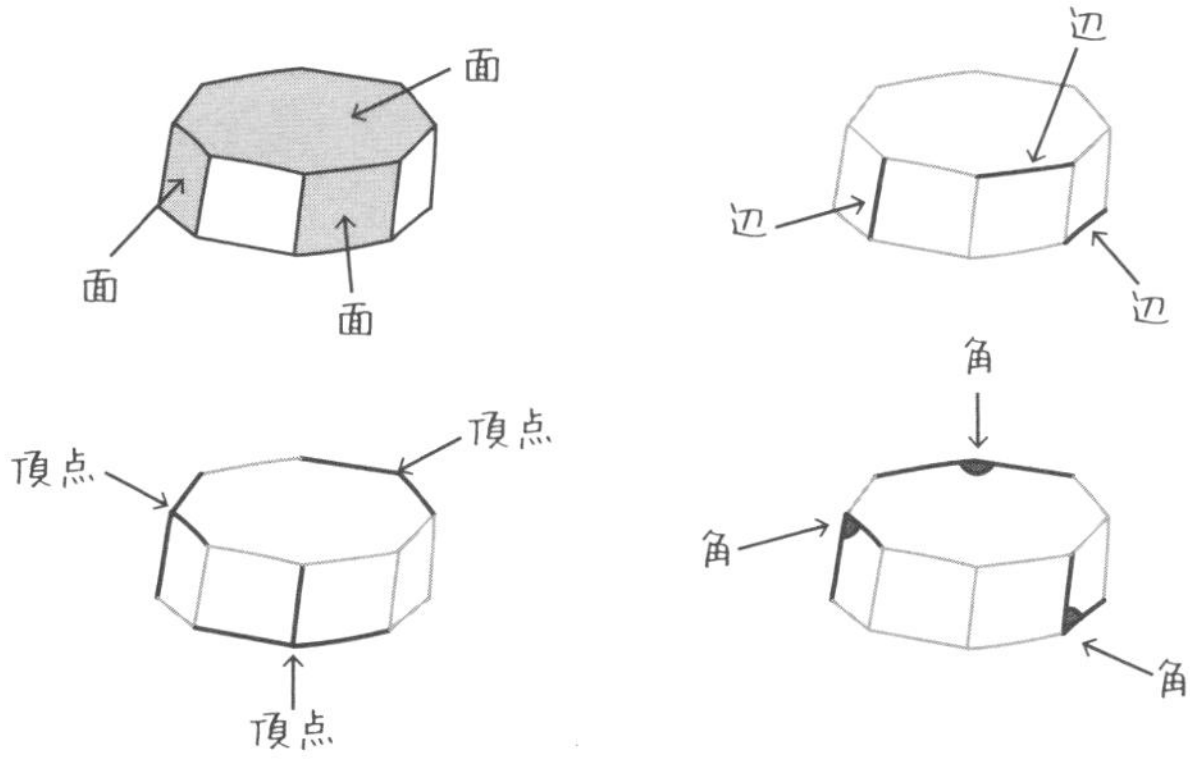

半分の生徒には面・面・面……辺・辺・辺……のように同じ種類のブロックごとに解かせました（ブロック学習）。残り半分の生徒には、面・角・頂点・面・辺・角……のようにランダムな順序で解かせました（ランダム学習）。まったく同じことを教え、まったく同じ問題を、まったく同じ数だけ解かせました。違いはただ1つ、解く順序だけです。

翌日、子どもたちに4種類すべての問題を1問ずつ出題するテストをしました。その結果2つのグループの成績には顕著な差が表れました。ブロック学習をしたグループの正解率は38％だったのに対し、ランダム学習をしたグループの正解率は77％だったのです。

このような違いが生まれる理由は、ブロック学習だと、流れ作業で「さっきと同じ解き方」をすればいいから、どういう問題のときにどの解法を使えばいいかを考えないためです。このあとの第7節でも書いているように、人は頭をよく使うほど記憶に残る性質があります。頭を使わない流れ作業では、記憶に残らないのです。加えて、どういう問題のときに…を考えていなければ、解法を「見破る力」も育ちません。2つの理由が重なって、成績に顕著な差が表れたのだろうと思います。

解く順序を変えるだけでどんな科目も成績アップ

問題演習の順序を変えるだけで、成績に大きな差が生まれます。この学習法の違いは、算数だけではなく英語・国語・理科・社会、はては美術・音楽・体育まですべてにあてはまります。例えば、美術においてはこんな実験が行われました。

ウィリアムズカレッジの認知心理学者ネイト・コーネルは、12人の風景画家による絵画を6作ずつ計72枚使って、作者を判別する「目利き力」を鍛える学習の実験を行いました。その際に、風景画家を6人ずつに分け、先ほどの角柱の問題と同じように、学習する順序

に違いを作りました。そして、学習には使わなかった同じ作者のほかの絵画48作を使って、12人の中から作者を答えさせるテストを行いました。見たことのない絵ばかりなので、その画家の描き方の「スタイル」がわからなければ答えられないテストです。

結果は、ブロック学習で学んだ6人の画家の絵画は正答率50％だったのに対して、ランダム学習で学んだ6人の画家の絵画は正答率65％でした。同じ被験者たちが、学習法を変えただけで正答率にはっきり差が出ました。角柱の問題と同様に、絵画の学習でもランダム学習のほうが高い成績を出したのです。

多くの人は自分の感覚に騙されている

さらに驚くべきことですが、この実験のあとに被験者に行ったアンケートで、78％の被験者、つまりおよそ5人に4人が、なんと50％しか正解できなかったブロック学習のほうが「よかった」と回答しています。**恐ろしいことに、実際には力がついていない学習法のほうが、本人たちの体感としては「わかりやすかった」と感じている**のです。世の多くの人間が、自分は成長していると信じながら、実際には成長が遅い学習法を実践しているであろうことを示していると思います。

わかった「つもり」になるブロック学習をしていると、「模試になるとできない」を続けることになってしまいます。ランダム学習で「見破る力」を鍛えつつ、記憶への定着を図ってくださいね。

まとめ

同じような内容を集中的に学習するのは効果が薄い。一見わかりにくそうだが、ランダムにいろいろなことを混ぜて学ぶと学習効果が大きい。自分の感覚に騙されないように気をつけよう。

6 ランダム学習を上手に取り入れる

前節で、ブロック学習よりもランダム学習のほうが成績が上がるということがわかりました。しかし、私たちがこれまでに使ってきた教材を振り返ってみると、ブロック学習のものが多かったのではないでしょうか。教科書はもちろん、塾のテキスト、市販の教材に至るまで、ほとんどはブロック学習ですよね。普通にしていると、どうしても効率の悪いブロック学習で勉強させられてしまいます。

その理由は、私たちの感覚としては、「ブロック学習のほうがわかりやすい」と感じてしまうことだと思います。前節で書いたように、実験後の参加者に対してのアンケートで、多くの人が「ブロック学習のほうがよかった」と回答していました。よかれと思って「わかりやすく感じる」テキストが作られ、私たちもまた「わかりやすく感じる」テキストのほうを選んで購入してしまいます。

塾のカリキュラムは「スパイラル」になっていて、ある程度交互にいろいろな単元を学習することが多いのですが、「数週間ずっと平面図形の問題をやる」といったブロック学習のカリキュラムの塾もあるので注意が必要です。そういった場合には、自分で意識的にランダム学習を混ぜるようにしましょう。

ランダム学習を取り入れるコツ

日頃の勉強にランダム学習を取り入れるにはどうすればいいでしょうか。1つの方法は、過去問や実力テスト形式のものを活用することです。過去問は6年生にならないとやれないものというイメージがあるかもしれませんが、そんなことはありません。5年生の子が過去問をやるのであれば、自分の模試偏差値よりも10くらい下の学校の問題をやってみると、意外とちょうどいい戦いになるレベルの問題が出題されていたりします。ここでは過去問を解く主な目的である「志望校の傾向分析」とは別に、ただの勉強用と割り切って解いてみると、良いランダム学習になるでしょう。

日常にランダム学習を取り入れるコツ

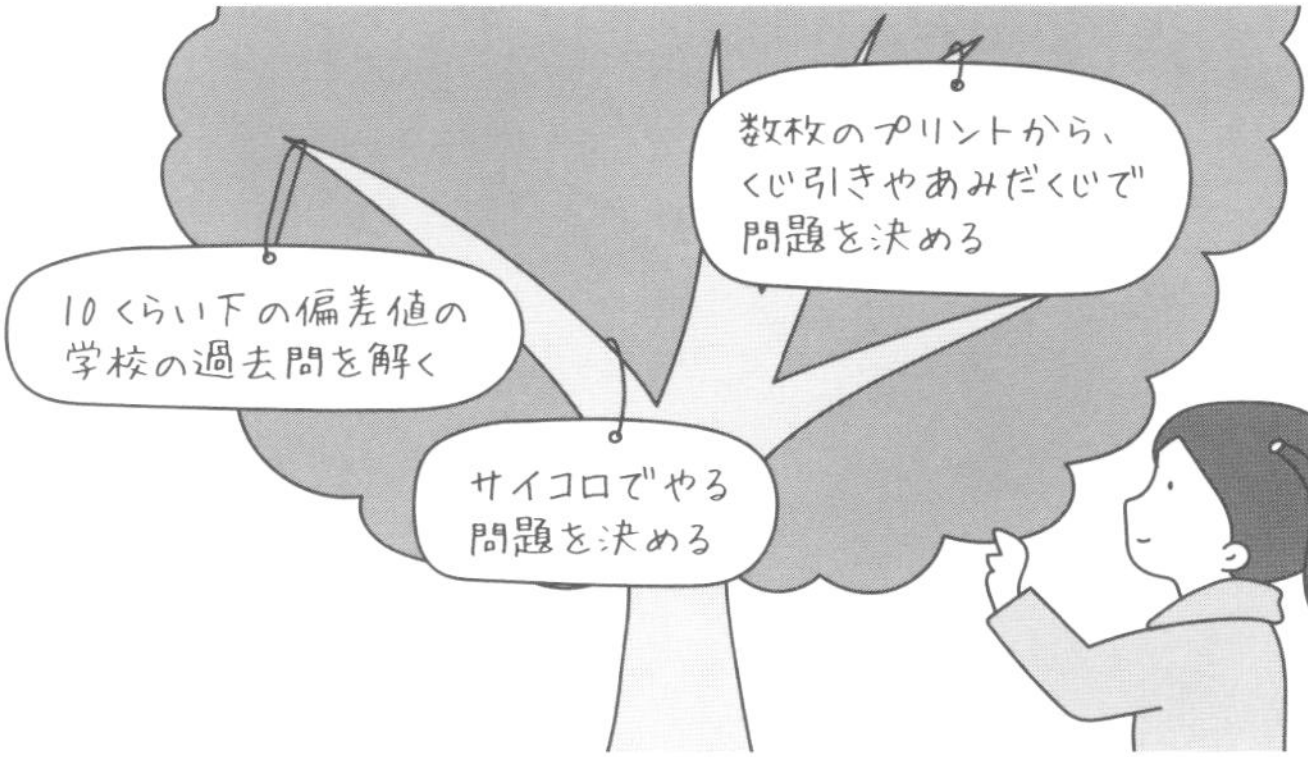
数枚のプリントから、
くじ引きやあみだくじで
問題を決める
10くらい下の偏差値の
学校の過去問を解く
サイコロでやる
問題を決める

また、首都圏模試（統一合判）は過去問を公式に販売していて、アマゾンなどで購入できます。サピックス模試の問題もよくメルカリで非公式に販売されています。売るくらいですから、要らなくなったお友達からもらったりできるかもしれませんね。そういったものをうまく活用してみたらよいのではないでしょうか。

普段のテキストをランダム化するアイテム

前節で書いたように、**やる順番をランダムにするだけで学習効率が上がる**わけです。そして、私たちはランダム化するための素敵な武器を持っています。そう、「サイコロ」です。

前著『小学生の子が勉強にハマる方法』の中でも、勉強をゲーム化するアイテムとしてサイコロをご紹介しました。サイコロを使って何をやるかを決めるだけで、子どもは遊びのようなワクワク感を感じて楽しみながら勉強してくれるという話でした。勉強をゲーム化するための詳しい方法はそちらの本を読んでいただくとして、その**「サイコロでやるものをランダムに決める」というのは、学習効率を上げるためにもとても効果的な方法**なのです。一石二鳥ですね。

私の授業でも、最初にある単元の内容を教えるときは、例えば算数なら例題1で習ったことを使って例題2の考え方を学ぶというような構成になっていますから、ランダム化は正直なかなかできません。社会だって、歴史なら時系列に沿ってではなくランダムな順序で教えたら意味がわからなくなってしまいます。

しかし、ひと通り学んだあとの問題演習はランダム化できます。そういったときには、時々お遊び的な盛り上げも兼ねて、サイコロを振ってやる問題を決めさせたりしています。数枚印刷したプリントからくじ引き感覚で選ばせてもいいですし、サイコロがなければあみだくじで決めても構いません。何をやるかをあえて偶然にゆだねるのは、ランダム学習をする簡単な方法としておすすめですよ。ただし、苦手な弱点を最後までやらなかった、という偶然が起こらないようにだけご注意を！

まとめ

一般的なカリキュラムで勉強すると効率の悪いブロック学習になりがち。意識的にランダム学習にする方法を取り入れよう。サイコロ・くじびき・あみだくじなど、偶然にゆだねるとゲームっぽくなって面白い。

7 〝頭を使って〞覚える

先日のことです。生徒の1人が塾に自習に来てテキストを読んでいました。読み終わったというので、読んだところから口頭でいくつか簡単なテストをしたところ、何1つ答えられませんでした。そのときのその子の表情ときたら、ずいぶんと気まずそうでした。テキストを何度も読んだはずなのに記憶に残っておらず、テストのときに答えられない。お子さんにも似たような経験はないでしょうか。1回読んだら覚えられる子と、何回読んでも覚えられない子は、いったい何が違うのでしょうか？

記憶に残るかどうかは頭の使い方次第

私たちは五感を通じて何か情報を得たときに、それに対して何らかの処理を行います。このときに、**頭をよく使う「深い処理」をしたときほど記憶に残りやすくなる**ことが知ら

頭を使う深い処理ほど記憶に残りやすい

1
形態的処理
太字にマーカーで線を引きながらテキストを読む
2
音韻的処理
鎌倉幕府は…
テキストを音読する
3
意味的処理
なぜここで促成栽培が盛んなのだろう？
意味を考えながら読む

れています。テキストを読むような文字情報の処理であれば、形態的処理→音韻的処理→意味的処理の順に処理が深くなっていき、記憶に残りやすくなります。これを処理水準説と言い、クラークとロックハートという心理学者が提唱しました。

このことは、例えばこんな実験を行うと確かめることができます。いくつかの単語のリストを用意して、1つひとつのことに対していろいろな質問に回答させます。形態的処理であれば、「ダイコン」という単語に対して「漢字ですか？カタカナですか？」のような質問をします。音韻的処理であれば、「筑紫山地」という単語に対して「つくしさんちですか？ ちくしさんちですか？」のように質問します。意味的処理であれば、「キャベツ」という単語に対して「どちらに典型的にあてはまりますか？　高冷地農業／促成栽培」のように質問します。

このとき、実験参加者たちには、「出てきた単語を覚えてください」とは言いません。ただ、質問に答えてもらうだけです。しかし、すべての単語についての質問のあとで、どんな単語が出てきたか思い出すように指示されると、最も思い出せるのが意味的処理、次に音韻的処理、最も思い出せないのが形態的処理をした単語になります。意識して覚えようとしなくても、深い認知的処理、要するに「頭を使う」ことをすると、自然と記憶に残るのです。

なぜ「蛍光ペンでマーク」はダメ勉強法なのか？

先ほどの実験を踏まえて考えると、テキストに書かれていることを目で「見て」いるだけでは覚えられないというのはよくわかりますね。「はじめに」で触れたように、蛍光ペンで塗ったり、アンダーラインを引いたりしながら読むのがダメな理由も、「大事なところに線を引きながら読みなさい」といった抽象的な指示だと、多くの子どもは内容を考えずにテキストの「太字」にマークするだけだからです。太字かどうかという判断は、先ほどの分類では形態的処理であり、浅い認知処理です。

それに対して、テキストを音読するとなると、音韻的処理になりますから一段深い認知的処理になります。教育学の世界では昔から音読のほうが黙読よりも効果が高いことが知られています。子どもにテキストを読ませるのであれば、線を引きながら読ませるより音読のほうが効果的です。

そして、最も効果があるのが、当たり前ですが意味を考えながら読むことです。例えば「高知県では促成栽培が盛ん」という記述に対して、「促成栽培で育てている代表的な作物は何だろう?」「なぜここでは促成栽培が盛んなのだろう?」「ほかの地方とは何が違うのだろう?」といったことを考えながら読めば、記憶への残り方は段違いによくなります。

でも、「意味を考えて読みなさい」とお子さんに言っても、それはなかなか伝わりません。「大事なところに線を引きなさい」と言われても、「大事なところ」が何かを考えられない

のと同じことです。では、どうすればいいのでしょうか。

人に教えるつもりで読むと記憶に残りやすい

小学生の子でもできる比較的簡単な方法は、誰かに教えるつもりで読むということです。

人に教えるという経験は、それ自体強いエピソード記憶になるため、記憶に残りやすくなります。指導者は自分は教えたことをバッチリ覚えているのに、生徒がすっかり忘れていてがっかりした経験をたくさんしているものです（苦笑）。これは大人と子どもの差ということではありません。生徒同士に教え合いをさせたときにも、教えた側はしばらく経ってもよく覚えていて、教えられた側はすっかり忘れているということが起こります。教えるという体験には、それだけ大きな効果があるのですね。

しかし、教えるという体験には相手が必要です。普段勉強しているときに、そう都合よく教える相手を用意することはできませんよね。そこでおすすめなのが、「教えるつもり」で読むことなのです。このやり方の効果は実験でも確認されています。

ワシントン大学のジョン・ネストイコらは、学生たちを2つのグループに分けて、それぞれにこう伝えました。一方のグループには「このあとテストがあるぞ」、もう一方のグループには「このあとで別の学生にこれを教えてもらうぞ」と。その上でテキストの文章を学習させました。実際にはすべての学生はテストをされ、誰も他の学生を教えることはしませんでした。

すると、「教えるつもり」で学習したグループのほうが、全体的に内容を正確に思い出せる確率が高くなり、重要なところほど特に記憶に残っていました。「大事なところ」を

どんなことが
書いてあったか、
あとでお父さんに
教えてね
はーい
教えるつもりで読書させる簡単なコツ

見極めて覚えるためには、「蛍光ペン」よりも「教えるつもり」のほうが効果は高そうですね。前述のように「教える」ことは小学生でもできるわけですから、「教えるつもり」も十分機能するでしょう。ぜひやらせてみてください。

ちなみに、私も読書をしながら本に線を引いたりポストイットを貼ったりしていますが、そのときには必ず「これをメルマガやブログのネタにするにはどうしたらよいか？」を考えています。何かに困っている人に、解決策として何をどう教えようか、そんなことを考えながら読んでいるのですね。その結果、私自身の体感としても、やはり自然と役に立つ重要なところが記憶に強く残るようになっていることを感じます。

さらに実際にメルマガなどを書いて学んだことを読者のみなさんに教えると、一層記憶が強くなるわけです。線を引いたりポストイットを貼ったりもしますが、それはあとで探しやすくするための手段に過ぎず、覚えるための手段ではないのです。

さて、話を戻します。子どもに「教えるつもり」になってもらうにはどうしたらいいでしょうか？　答えは簡単です。**「どんなことが書いてあったか、あとでお母さん（お父さん）に教えてね」と言えばいいのです。**子どもは意気揚々《いきようよう》と誇らしげに学んだことを教えてくれるでしょう。小さな子ほど効果的です。

大事なのは「今忙しいの」とか、「そんなの知ってるよ」という態度を出さないことですね。どんなリアクションをすれば、お子さんは次もまた「お母さん（お父さん）にこれを教えよう」というつもりで本を読んだり、授業を聞いたりしてくれるでしょうか？　子どもが喜ぶリアクションの準備をしておきましょう。

まとめ

形態的処理・音韻的処理・意味的処理について、子どもにわかりやすく教えるためにはなんて説明してあげたらいいだろう? うまく説明できないと思ったら、「教えるつもり」でこの節をもう一度読み直してみよう。

8

"理解して"覚える

いきなりですが、質問です。たくさんの情報を覚えるのと、少ない情報を覚えるのと、どちらのほうが簡単でしょうか？　ちょっと考えてみてください。

正解は、「たくさんの情報を覚えるほうが簡単」です。ちょっと意外ですよね。確かに、漢字や英単語を１００個覚えるのと10個覚えるのとでは、少ない10個のほうが簡単です。これは、漢字や英単語それぞれがバラバラな情報だからです。もし情報が相互につながっている場合には、情報の数が多ければ多いほど覚えやすくなります。情報が多いというのは、クイズで答えがわからないときに、ヒントがたくさんもらえるというのと同じことなのです。

こんなに
覚えられない
The theory of evolution is beyond the reach of my understanding.
theory= 理論
evolution= 進化
beyond the reach of= 超えている
understanding= 理解
一つの文で
4つの単語が
覚えられる!
精緻化すると記憶しやすい

私たちの長期記憶は大きな倉庫のようなもので、記憶をその倉庫の中に仕舞ったり、そこから出してきて使ったりしています。イメージしてみてください。大きな倉庫の中で探しやすいのは、小さな箱ですか？　大きな箱ですか？

100個の英単語を暗記カードなどでバラバラに覚えるというのは、小さな箱が倉庫の中にバラバラにあるような状態です。探し出すのに苦労しそうですよね。しかし、ちょっと長めの例文の中にその100個の英単語がうまく入っているとしたら、それは大きな箱がドンと置いてあるような状態になるわけです。ある1つの英単語の意味を考えるときにも、それが使われていた前後の文脈から、どんな意味だったか思い出すのは容易になります。

こういったイメージで、**覚えたいものにまつわる情報を増やしたり、もともと覚えている情報とつなげたりすることで、記憶は思い出しやすくなります。**これを心理学用語で「精緻化《せいちか》」と言います。前節にあった「意味を考えると覚えられる（意味的処理）」といった話も、「精緻化」するための方法の1つなのです。

どうしたら「理解した」ことになるのか

前節では、意味を考えるというのは子どもにはなかなかハードルが高いということもお話ししました。ですが、だからと言ってあきらめるのはもったいない。いずれはできるようにならなければいけないことですし、（3章でお伝えすることですが）国語で問われることの多くは、この「意味の理解」なのです。

そこで、この節では意味を考えて理解するとはどういうことかを説明していきたいと思います。未就学児や低学年の子にはちょっと難しいですが、声かけを通じて少しずつ教えていってあげてください。

理解その1「構造化」

これから挙げるものをすべて覚えてください。

「ハム」「なす」「にんじん」「キャベツ」「たまねぎ」「鶏肉」「マヨネーズ」「かぼちゃ」「コーン」「ピーマン」

これだけあると、ちょっと覚えきれなさそうですよね。1章で、短期記憶（ワーキングメモリ）で覚えられるのは5~9個くらいまでだという話をしました。10個は常人の限界を超えています。

ではここで、今日のメニューは「夏野菜のカレー」と「コールスローサラダ」だという情報を付け加えてみたとします。するとどうでしょう。カレーに入れる材料として「鶏肉」「にんじん」「たまねぎ」「かぼちゃ」「なす」「ピーマン」、コールスローサラダに入れる材料として「キャベツ」「ハム」「コーン」「マヨネーズ」を使うんだなと考えると、10個を

鉱物の階層構造

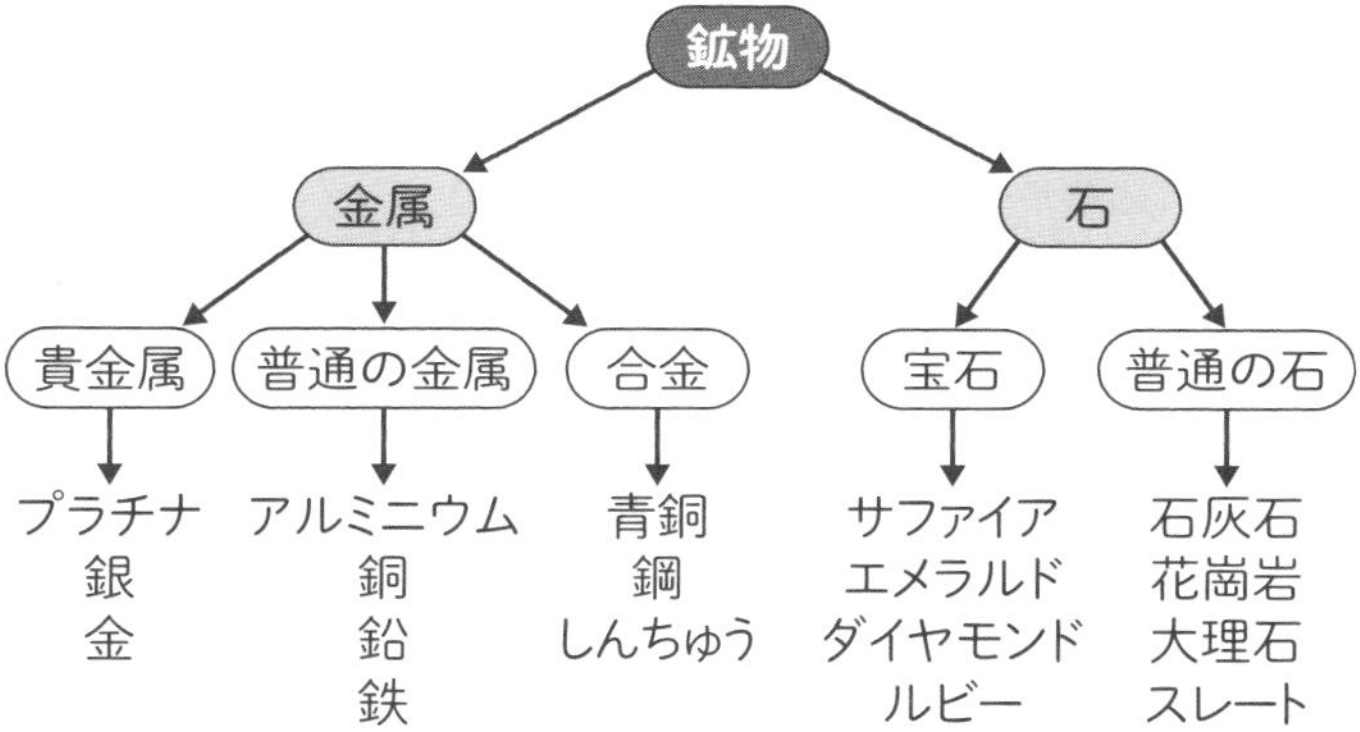

※市川伸一『勉強法の科学』(岩波書店)をもとに作図

覚えるのもそれほど難しくなくなりますよね。

こういったことは実験でも確認されています。心理学者のG・H・バウアーらは、「プラチナ」「アルミニウム」「青銅」「サファイア」「石灰石」「銀」「銅」「しんちゅう」「ルビー」「花こう岩」といった鉱物リストを実験参加者に覚えてもらいました。そのとき、1つのグループには「そのまま覚えてください」と言ってリストを与えました。もう1つのグループには、図のような階層構造を与えました。

鉱物の中には金属と石があり、金属の中には貴金属・普通の金属・合金があり、石の中には宝石と普通の石がある。そして、貴金属に属するのが「プラチナ」「銀」「金」といった具合です。２つのグループを比較したところ、覚えることが増えた２つ目のグループのほうが、鉱物名をよく覚えることができました。階層構造を作って情報を整理した結果、それぞれの情報が「精緻化」され、記憶の倉庫から探しやすくなったと考えられます。

こういった階層構造を理解するためには、そもそも「金属とは何か」ということを知っていなければいけません。その前の食材の例で言えば、「夏野菜のカレーには(多くの場合)ナスとピーマンとカボチャが入る」ということを知っていなければいけないのです。

時々、「知識と理解のどちらが大事か？」といった議論がされることがありますが、そのような問いはナンセンスです。知識を覚えるためには理解が必要で、理解をするためには知識が必要で、どちらもお互いを必要とし合うのです。

お子さんにこういった階層構造を理解させるためには、普段から「貴金属ってどんなものがある？」と具体例（下位語）を聞いてあげたり、「貴金属や宝石や普通の石を全部まとめるとなんて言う?」という風に抽象的概念(上位語)を聞いてあげたりすることを繰り返しましょう。

理解その2「因果関係」

先ほどの「構造化」の次に、理解を深めるために役立つのが「因果関係」です。「4.短期記憶を効果的に活用する」でも触れましたが、チェスや囲碁、将棋のプロは、盤面の様子を一目見ただけで、駒や石の配置を覚えてしまうことが可能です。彼らの頭の中には、何百という試合の棋譜が丸暗記されています。これが可能なのは、その盤面に至るまでの意図や原因があるからです。

ハイレベルなプロ同士の戦いでは、駒・石の配置に意図や原因がちゃんとあるため、理解して覚えることができます。一方、意図や原因がいい加減な素人同士の戦いの盤面や、ましてただランダムに並べただけのものは、プロでも覚えられません。つまり、「なぜそうなったのか?」がわかることは、記憶を強くするためにとても効果的ということです。

因果関係で理解できると記憶しやすい

ここで例を挙げて考えてみましょう。

「お母さんは手が疲れたと言っている。お兄ちゃんは足が疲れたと言っている。お父さんは目が疲れたと言っている。妹は頭が疲れたと言っている」

これらを覚えてくださいと言われたときに、誰がどこを疲れたと言っているかの組み合わせは時間が経ったら忘れてしまいそうですよね。ですが、ここでまた情報を追加してみます。「お母さんはママさんバレーをしている。お兄ちゃんはサッカー少年だ。お父さんはいつも仕事で長時間パソコンに向き合っている。妹は勉強家だ」

こういった情報を与えられると、途端に覚えやすくなりませんか？　なぜ「足が疲れた」という結果が起こったのか原因がわかると、それらをまとめて覚えやすくなるのです。ここでもやはり重要になるのが「知識」です。「パソコンで長時間の仕事をすると目が疲れる」「今どきの大人は仕事でパソコンを使う機会が多い」という、もともとある知識がつながることで、因果関係を理解できるのです。先に出した例の「プロ棋士は打たれた駒や石の意図がわかる」というのも、背景には膨大な知識があるからということはわかりますよね。

子どもの勉強の例でも考えてみましょう。「新潟県は米の生産量が多い」。なぜなら「新潟県は雪解け水が豊富だからだ」。なぜなら「新潟県も属する日本海側の地域は冬に雪が多いからだ」といった知識がつながると、単に「新潟県は米の生産量が多い」と丸暗記するより覚えやすくなります。これもやはり「日本海側は冬に雪が多い」とか、「新潟県は日本海側にある」といった知識があるからできることです。

お子さんには日頃から「なんでそうなったと思う？」ということを考えさせましょう。

未就学児の子などは、「なんで？ なんで？」と何でも聞いてきますよね。そういったときに上手に対応すると好奇心が伸び、「なんで？」を考える習慣がつきます。

できる範囲で頭を使いこなそう

以上、この節では意味を考える上で効果的な枠組みである「階層構造」と「因果関係」についてお伝えしました。こういった知識を論理的に整理する力は、だいたい10歳以降に急激に伸び始めます。中学受験に向けて勉強するタイミングにぴったり合致しますね。

それまでの低学年のうちは脳の働きが丸暗記向きなので、この節の内容を完璧に実践しようとは思わなくて結構です。発育には個人差がありますから、11歳12歳になっても、無理をさせる必要はありません。丸暗記が好きなうちは、丸暗記をさせておきましょう。

できる範囲で、少しずつ論理的に考える頭の使い方を身につけさせればいいのです。もともとある知識を整理したり、新たな知識をそこに結びつけたりすることが自分でできるようにさせてください。そうすると、学習した内容がすぐに覚えられるようになっていきますよ。

まとめ

「意味を理解する」ためには、それと関連ある知識と結びつけて、構造化したり因果関係を整理したりするとよい。

9 〝イメージ化して〟覚える

子どもの頃、あるいは学生の頃、社会の教科書に出てくる歴史人物の顔にラクガキをしたことはありますか？　もしあなたがラクガキをしていなかったとしても、クラスの中にはしている子が何名かいたことでしょう。ラクガキをして変な顔にするという「ちょっと面白い体験」は、その歴史人物のことを強く記憶に残してくれるのでおすすめです。

しかし、ラクガキの効果を除いたとしても、教科書やテキストに歴史人物の写真やイラストが入っていると、その人物の記憶への残り方は格段に強くなります。この節では、このイメージ化についてお伝えしようと思います。

脳は「単語」より「画像」で覚えるのが得意

歴史上の人物の名前を、顔のイメージとセットで覚える

※写真提供：日本親勉アカデミー協会

私たちの脳は、20万年前の野性のままでほぼ動いているとお伝えしましたが、その時代にはもちろん文字などはありませんでした。おそらく、そのせいでしょう。私たちは文字でものを覚えるのが苦手です。覚えるものの名前を「単語」で見せられる場合と、同じものを画像で見せられる場合を比べると、画像のほうが成績がよくなります。これは「画像優位性効果」と呼ばれ、実験によっても確認されています。

さらに、このとき用いる画像は詳細な写真である必要はなく、単純な線画でも効果があるとわかっています。マシュー・エルデリという心理学者が行った実験では、参加者にスケッチ画を見せて覚えてもらう場合と、単語を見せて覚えてもらう場合を比較したところ、やはりスケッチ画のほうが思い出せる量が多くなりました。近代の歴史人物のようなちゃんとした写真でなく、織田信長や豊臣秀吉のような肖像画でも、イメージ化の効果はあるということになりますね。

ですから、**お子さんの学習でも、教科書・テキストを文字で読むだけでなく、さし絵や写真、グラフを見てイメージで覚えるようにしましょう。**さし絵がなければネットで検索して見つけたり、あるいは自分で想像して描いたりしてもいいですね。カードゲームや学習漫画などで覚えるのも効果的です。

さらに、**画像優位性効果は教える側が画像を見せる場合だけでなく、学習者自身がイメージを思い描くことでも同じように効果があります。**前節の「夏野菜のカレー」と「コールスローサラダ」の材料10個を思い出してみてください。簡単に思い出せますよね？ 特に材料のイラストはなかったですが、きっと読みながら頭の中でそれぞれ想像したことでしょう。それによって、構造化の効果だけでなくイメージ化の力も働き、バッチリ覚えられたのです（もし覚えていなかったらごめんなさい）。

無血開城って
こんな感じかな
イメージを頭の中で描くと覚えやすい

こうしたイメージ化は記憶に限らず、文章読解の上でも効果があることが知られています。例えば物語文を読むときに、そのシーンの背景や登場人物の顔・背格好、そのときの表情・声のトーンなど、イメージしながら読める子ほど一度読んだだけでストーリーを理解し、だいたいどこに何が書いてあったかを覚えられます。イメージで覚える習慣、イメージを頭の中で描く習慣を身につけていきたいですね。

子どもにイメージさせるコツ

私たち大人が本を読む場合、普通は自然とイメージしながら読んでいます。だからマンガがアニメ化されると「声のイメージが違う」

と文句を言う人がいますし、小説が実写化されてもやはり「顔のイメージが…」「声のイメージが…」といった話になります。ですが、これは子どもも自然にできると思ってはいけません。低学年の子は、言語的な情報から自発的にイメージすることはまだ困難です。ですから、私たちの側がイメージできるように導いてあげることが重要になります。

例えば都道府県を覚えたいときは、県ごとにバラバラになるパズルを使って形と名前をセットにすると記憶しやすいですね。そして、スーパーでお買い物をしているときなどに、○○県産という表示を見かけたら、「この県はどんな形だっけ？」「どこにあったっけ？」と、そのものがないときに頭の中で思い浮かばせてあげるとイメージ力がつくでしょう。他にも例えば、本を読ませたり読み聞かせをしたりするときに、少しずつさし絵の少ないものを取り入れていくとよいですね。

イメージする力はイメージする経験によって育ちます。単に何かを覚えたいのであれば、学習漫画などでイメージを与えましょう。それに対して、イメージする力を育てたいのであれば、アニメや漫画の小説版を与えるなどして、言語的情報からイメージを膨らませる経験をさせてあげるのがよいでしょう。目的に合わせて、お子さんの成長段階に合わせて、いろいろ使い分けてみてくださいね。

まとめ

人は言語的情報よりも画像的情報のほうが思い出しやすい。お子さんが学習するときには、イメージ化させることを心がけよう。

10 〝自分で答えに気づいて〟覚える

これからクイズを出します。よく考えてみてください。ちなみに答えは「へび」です。

問題

すごーく細いのに、重そうな生き物ってなーんだ?
Heavy→ヘビー→へび……正解はへびでした!

先に答えがわかっているクイズって、超つまらないですよね……。反対に、答えがわからなくて悩みに悩んで、ようやく自力で正解を発見すると、その経験は強く記憶に刻まれます。そういった思い出はきっと誰にでもあるはずです。これを心理学では「生成効果」と呼びます。ですからお子さんには、できる限り自力で問題を解き、正解を発見するという経験をさせてあげましょう。

自分で答えを発見するために必要な3つのこと

問いがあること
答えは
ね…
答えを
教えないこと
知識
能力
解くための知識・
能力が子どもに
あること

自分で答えを発見するために必要な3つのこと

では、そういった経験をお子さんにさせるためには何が必要でしょうか？ それは、**「問いがあること」「答えを教えないこと」「解くための知識・能力が子どもにあること」**です。

そもそも問いも何もなく、情報が与えられるだけでは、答えを発見する経験などできるはずもありませんね。ここまで、テキストを読むときに内容が記憶に残りやすくなる方法についてお伝えしてきましたが、それらと並んで「問題を解いてみる」というのはとても効果的な学習法です。テストは「力を試す」以上に、「学習法」としての価値が高いものです。

そして、その問いに対して、**子どもが考えるより先に親や指導者が答えを教えないこと**も大切です。さっきの先に答えを言われてしまったクイズは最悪でしたよね？ よく穴埋めプリントを使った授業があると思いますが、指導者が答えを言ってそれを生徒が書き込むだけであれば、ただの聴力テストです。生徒自身に答えを考えさせるプロセスを作らなければ、穴埋めプリントの効果は発揮されません。

そして、最後に必要なものが、答えを出すために必要な知識や能力が子どもにあることです。それがなければ、どんなに頑張ったところで答えは発見できませんからね。これは問題の難易度を調整することによって解決が可能です。**その子が自力でできるレベルの課題だけを与える**のです。特に、知識よりも思考力を育てたい算数では、このスモールステップが大切になってきます。

私たち伸学会では、算数の力を伸ばすためのパズルの授業を開講しています。このクラスのルールは、「質問をせず、わからないものは何度もチャレンジして、自力で答えを出す」ということになっています。質問してはいけない代わりに、自力で考えて答えを出せるよ

お、これならできそう!
質問禁止
何度もチャレンジOK
自力で解けるレベルの課題だけを与えよう

うに、問題がとても細かなスモールステップになっています。今取り組んでいるレベルの前のレベルがクリアできたのであれば、今のレベルもクリアできるようになっている。理科や社会であれば、知識を知らなければどうしようもありませんが、算数だとこういったこともできるのですね。

国語・理科・社会で、子どもが100%自力で解くのが難しい場合には、記述式ではなく選択式にしたり、ヒントを与えたりといった、一般的な難易度を下げる方法を使っても効果はあります。

答えを発見できなくてもチャレンジが大事

このように子どもが頑張れば自力で解けるレベルの問題を常に与え続けられれば、それに越したことはないとおわかりいただけたと思います。しかし、現実にはそうもいきません。結局、問題が解けないということもあるでしょう。ですが、じつは解けなくてもあまり重要ではありません。

仮に正解できずに解き方や答えを教えてもらうことになったとしても、考えて間違えたという経験自体がエピソード記憶としてしっかり記憶され、正しい解き方・答えが定着しやすくなります。 与えられる情報を、何も考えずにそのまま暗記するのは、最も効率が悪いやり方です。ですから、やはりできる限り自分で答えを考えるように誘導していきたいですね。

まとめ

子どもが自分で答えにたどり着くと、その体験は記憶に残りやすくなる。「問いを与えること」「答えを教えないこと」「解くための知識・能力が足りるレベルの問いにすること」を意識しよう。

11 勉強場所を変えるだけで点数が50%もアップする

第2章に入ってからここまでの10節は、「同じ勉強時間をかけるなら、より効率が上がる方法」についてお伝えしてきました。しかし薄々お気づきの通り、すべて「頭を使う」、もっと言えば「疲れる」勉強法です。筋トレだって筋肉痛になるくらい身体を追い込まなければパワーアップしないように、勉強も頭を疲れさせなければパワーアップしない。それが基本原則です。要領の悪い勉強をしている子は、疲れるやり方の勉強が嫌で避けているのです。ですから、その嫌な勉強法をやらせるのは簡単なことではありません。

しかし、この節でお伝えする内容は違います。まったく同じ勉強時間・まったく同じ疲れ方で、学習の効果が1・5倍になるのです。素敵じゃありませんか？ このやり方は多くの子にとって取り入れやすいものですので、ぜひご家庭でもやってみてください。

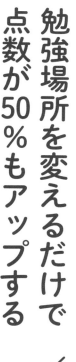

長期記憶の分類のおさらい

第1章の7節で、長期記憶には意味記憶・エピソード記憶・手続き記憶の3つがあるとご紹介しました。そして、手続き記憶について掘り下げ、「書いて覚える」ことの是非をお伝えしました。今回の「覚えられる量が1・5倍になる学習法」は、エピソード記憶に関わっています。

第1章では、エピソード記憶は個人的な思い出に関する記憶だとお伝えしましたが、もう少し詳しく言うと、「いつ」「どこで」「誰が」「何をした」という情報（文脈）がくっついている記憶です。人が新しいことを学ぶときは、最初はエピソード記憶として覚えることになります。このエピソード記憶はいろんな場面で思い出し、使うことで意味記憶へと変わっていきます。

例として、「リンゴの生産量が全国1位の県は青森県」という情報を、子どもが意味記憶として覚えるまでの過程を考えましょう。まずは、「学校の教室で先生から聞く」がきっかけかもしれません。この時点では、エピソード記憶です。「先生が教室で、リンゴの生産量が全国1位の県は青森県だと言っていた」というエピソードを覚えるわけです。

これを、休み時間に友達とサッカーをしているタイミングで思い出すことは考えにくいですよね。家でお父さんに「今日学校で何を習ったんだ？」と質問されたとしても、出てくるかどうか怪しいです。記憶の奥底に仕舞われた情報は、出てくるきっかけを失っているのです。

ただ、食卓に「リンゴ」があれば思い出す可能性が高まります。「あ、そういえば、学校でリンゴは青森県産が多いって言ってた！」となるわけです。この「あ、そういえば」のときに、記憶が引っ張り出されています。その後、「リンゴは青森県」エピソードが増えていくことでしょう。「風邪をひいたときに家で食べたリンゴは青森県産だった」「スーパーでの買い物について行ったとき、親が買ったリンゴは青森県産だった」。

こうすると、「その後また風邪をひいたとき」「スーパーに行ったとき」というきっかけ

リンゴの生産量
1位は青森！
あ、そういえば、先生が「リンゴの生産量全国1位は青森県」って言ってたな

エピソード記憶は様々な場面で思い出し、意味記憶へと変わる

でも、「そういえば、リンゴの生産量は青森県が1位だったっけ…」と思い出すことになります。この、「リンゴは青森県産が多かった」という情報を思い出す回数が増えるごとに、「いつ」「どこで」といった条件がなくても思い出せるようになります。こうして、「リンゴの生産量が全国1位の県は青森県」を意味記憶として覚えることになるのです。

無意識の背景情報すら思い出す助けになる

先ほどの例では「風邪をひいた」「スーパーに行った」という意識的な記憶が「リンゴ」の記憶に紐づけられていました。じつは、こういった意識できる記憶だけではありません。

言われても思い出せないような無意識の記憶まで、人間の記憶には様々なものが背景情報（文脈）としてセットで保存されています。その文脈もまた、記憶を思い出すきっかけになります。背景情報が多くそろっているほど思い出すのが簡単になります。


例えば、あなたがカフェで英語を勉強していたとします。

「どんな机だった？　模様は？　周囲にはどんな人がいた？」

「カフェではどんな音楽がかかっていた？」

「椅子の座り心地はどうだった？」

「どんな香りがした？」

「飲んでいた飲み物の味は？」


こういった五感の情報は、無意識の背景情報となります。これらすべてが勉強した英語の知識とセットで保存されるのです。そして、「同じ机に座ったとき」「同じ音楽を聴いたとき」など状況が一致したときに、学習内容がふと思い出されるきっかけとして働きます。

ダイバーへの実験

Confirm
水中で
単語を覚える
Con...
陸上でテストする
Confirm
水中で
単語を覚える
Confirm
水中でテストする

水中で覚えたグループは、水中でテストしたほうが、
陸上でテストするよりもスコアが30%高かった。

実験でも、勉強するときとテストのときで「同じ香水の匂いをさせた」「同じ音楽をかけた」といった条件では、テストの点数が有意に高まることが確認されています。これを裏づけるものとして、次のような奇抜な実験もあります。

スキューバダイビングクラブの学生に、陸上と水中でそれぞれ単語を覚えてもらいます。そして、覚えた単語の半数を陸上で、残りの半数を水中でテストしました。すると、陸上で覚えた単語は陸上でテストしたほうが思い出しやすく、水中で覚えた単語は水中でテストしたほうが思い出しやすいという結果になりました。水中のような落ち着かないところでテストをしたら点数が下がりそうなものなのに、陸上でテストするより点数がよくなるのはちょっと意外ですよね。

文脈効果を有効に使う

この文脈効果は、「疲れるやり方で勉強する」といったものではありません。まったく同じ労力で、より良い結果になるものです。コストゼロですから、ぜひ活用したいものですよね。

ですが、試験本番で最も良いパフォーマンスを発揮するには、試験本番とできるだけ同じ文脈で学習するのがいい、ということになります。ただ、それはあまり現実的ではありません。志望校が模試会場になるのなら、そこで受けるのがおすすめですが、そうたびたびチャンスはないでしょう。

では、どうすればよいのでしょうか？　そこで、もう1つ面白い実験をご紹介します。この実験では、学習環境を変えて、同じ内容を2回学習します。学習環境として、「地下室」

50%アップで
私の勝ちー!!
毎回部屋を変えて
学習した伸子
毎回同じ部屋で
学習したパパ
学習内容に紐づく背景情報が多くなった分、
思い出しやすくなった

「見晴らしのいい部屋」の2つを用意。そして、生徒を「2回とも地下室で学習」「1回ずつ部屋を変えて学習」「2回とも見晴らしのいい部屋で学習」の3グループに分けます。

その後、学習内容をテストします。もし、テスト会場が地下室なら、「2回とも地下室」グループのスコアが一番よくなるはずです。しかし、地下室でも見晴らしのいい部屋でもない、まったく別の会議室がテスト会場になりました。すると、「1回ずつ部屋を変えて学習」グループが一番良い結果を出したのです。しかも、学習内容を思い出せた数が1・5倍になりました。

冒頭のエピソード記憶が意味記憶になる過程を思い出してください。「リンゴは青森県産が多い」に対して多くのエピソードに出会い、たくさんの背景情報が紐づくことで、この意味記憶を記憶から探し出すことが容易になりました。同様に、部屋を変えたグループの生徒は、学習内容に対して紐づく背景情報が多くなった分、学習内容を思い出しやすくなったのです。

このように、**勉強場所を変えることで、勉強内容を思い出しやすくなります。**学校・塾・家・図書館・自習室のように、複数の勉強場所を持っておくことで、どこでテストをされても思い出せるようになります。これは「宿題」のメリットの1つでもあると考えています。学校や塾の授業中に習ったことを、学校の外・塾の外で、まったく別の時間に取り組むことで、思い出しやすくなっている効果があると言えそうです。塾や家でしか勉強しないというのはもったいないですね。これからはお子さんを時々カフェや図書館に連れ出して、一緒に読書や勉強をしてみてください。

まとめ

記憶を思い出すときには背景情報がヒントになり、背景情報が多いほどヒントが豊富になる。可能なら試験本番までに、志望校で勉強する機会を作ろう。勉強場所をこまめに変えて、いつでもどこでも思い出せるようにしよう。

12

“睡眠を活用して成績を上げる”

あなたは夜更かしをして勉強した経験はありますか？　昔々の大学受験生は、「四当《よんとう》五落《ごらく》」と言って、４時間睡眠で寝る間も惜しんで勉強すると合格できるが、５時間も寝ているようでは合格できないとされていたそうです。恐ろしい話ですね。現代では、これは大きな間違いだということがはっきりわかっています。睡眠は学習と密接に関わっています。むしろ、眠ることは学習することだと言っても過言ではありません。

確かに、何もしないでぐっすり寝ているだけで、勝手に頭がよくなってくれるというような都合のいい話はありません。勉強してインプットしなければ、よく寝たところで学力は上がりません。しかし、テストで良い成績を取るためには、インプットした内容を記憶の倉庫に保存し、それらを必要に応じて検索する働きが必要です。この保存と検索において、睡眠はとても重要な働きをしているのです。ですから、**たくさん勉強してインプットしても、睡眠が不足してしまうと、結局学力は上がりません。よく学び・よく眠ることが学力アップには不可欠なのです。**

うまくすれば、「睡眠」は数ある学習法の中で最強クラスに学力アップにつながります。この節では、睡眠による学習のメカニズムと、学習効果をさらに高めるためのちょっとした工夫についてお伝えします。

寝ている間に脳内で起きていること

私たちは眠っている間に、深い眠りと浅い眠りの間を行ったり来たりしています。眠りに落ちると、まずは深い眠りに入ります。その深い眠りの間には、知識の定着が進みます。

そして、深い眠りと浅い眠りのサイクルを2回繰り返したあとは、今度は中程度の深さの眠りと浅い眠り（レム睡眠）を繰り返します。中程度の深さのときには体の動かし方の習得が進みます。体を大きく動かすスポーツもそうですし、指先を繊細に動かす楽器の演

睡眠の段階ごとの働き

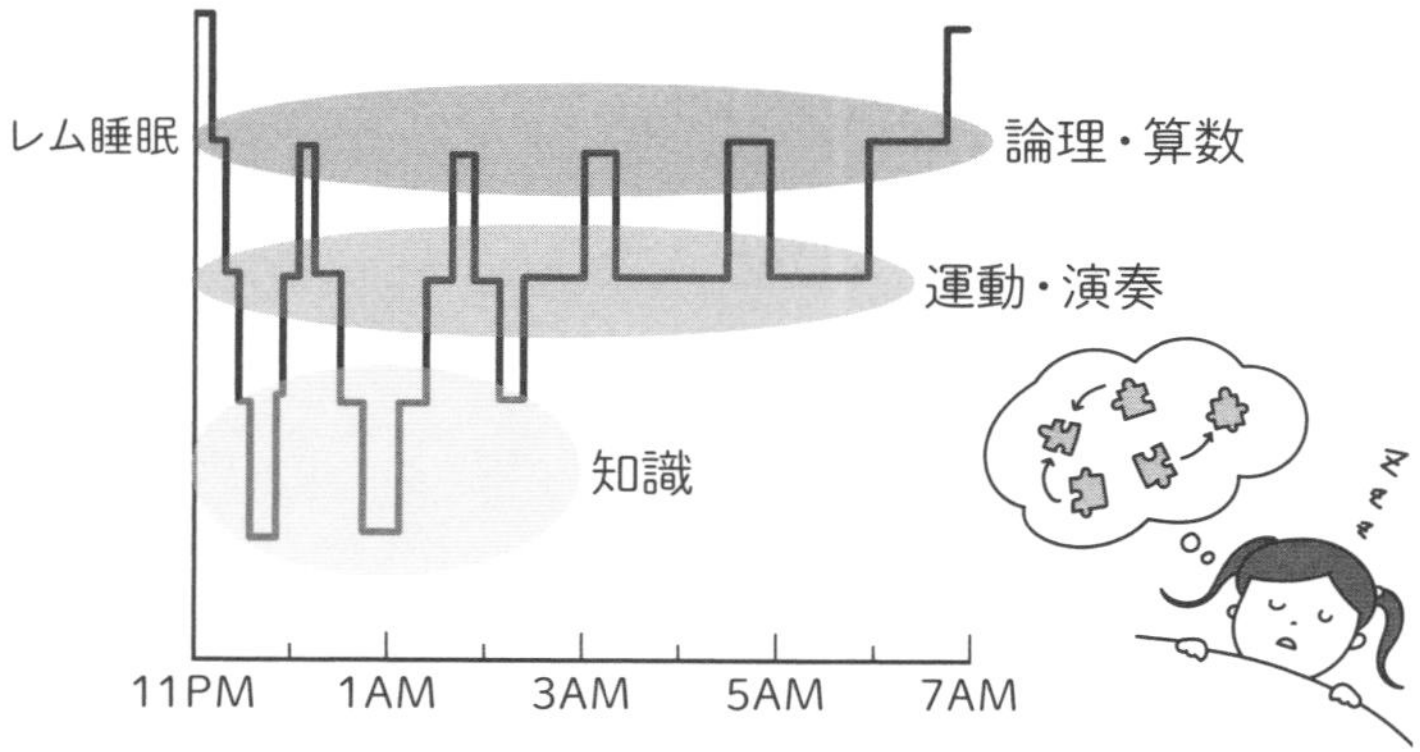

レム睡眠
論理・算数
運動・演奏
知識
11PM
1AM
3AM
5AM
7AM

奏や書道・絵画といったものの技術の習得が進むのもこの時間です。そして、浅い眠りの間には、論理的な思考の習得が進みます。算数や理科や国語の文章読解の力はこの時間に伸びていると考えられています。

睡眠の研究は現在まさに発展している段階であり、今後新たにわかることや修正されることがあることでしょう。しかし、**現段階で1つ確かに言えることは、睡眠とは学習における主要な活動であり、学習のために睡眠を削っては逆効果になるということです。**朝早起きして勉強したり、部活の朝練をしたりするのであれば、睡眠時間が不足しないように早く眠る必要があるのです。

眠るとどれくらい学力がアップするのか

2007年、ハーバード大学のジェフリー・エレンボーゲンたちが、大学生を対象にして「組み込まれた序列」を見極められるかを試しました。実験の詳細は割愛しますが、要するに論理的なつながりに対する学生たちの理解度を確認したのです。

この実験の際、学生たちは2つのグループに分けられ、一方のグループは午前中に学習して12時間後の夜にテストを受けました。もう一方のグループは夕方に学習して、夜の睡眠を挟んで12時間後の翌朝にテストを受けました。その結果、睡眠を挟まなかった前者の正答率が69％なのに対して、睡眠を挟んだ後者の正答率は93％となりました。眠るか眠らないかでこれほどの差が出るのは驚きませんか？ 私たちは**眠ると翌朝には忘れてしまっていると思いがちですが、逆に眠ることにより正答率が高まる**のですね。

昼寝にも学習を高める効果はあります。カリフォルニア大学のサラ・メドニックの研究によると、60～90分の昼寝には緩やかな波の深い眠りとレム睡眠の両方が含まれているこ

それより早く寝たほうがいいぞ
結局寝たのに成績上がってるー!!
もっと勉強しないと
睡眠を挟まないと正答率69%、睡眠を挟むと正答率93%

とがわかりました。その学習効果はひと晩眠るのに近いということです。また、デュッセルドルフ大学のオラフ・ラールによれば、6分程度の短い睡眠でも、学習を高める効果が確認されました。短時間でも、寝られるときには寝るといいということですね。

こういった効果をより高めるちょっとしたコツとしては、寝る前に復習をしたり、起きたあとに解く小テストを作ったりするといったものがあります。寝る直前に学習したことは、特に記憶に残りやすいということがわかっています。

さらに、スイスのジュネーブ大学のキン

ガ・イグロイが行ったユニークな実験によれば、寝て起きたあとの小テストに、正解した場合のご褒美がたくさんあると、ご褒美が少ない場合に比べて記憶への定着がよかったそうです。なんて現金な（笑）。今日から寝る前には、お子さんが起きたあとにする小テストと合格した場合のご褒美を用意しましょう。なにはともあれ、私たちの脳は寝ている間にも考え続け、勉強しているのです。

睡眠時間はどれくらい必要？

こういった睡眠の効果を踏まえると、よく勉強したあとにはよく眠ったほうがいいとわかりますね。**睡眠は学習効果を大きく増幅させてくれます。**お子さんの塾や学校の課題が多く、終わるのが夜遅くなって睡眠が不足しがちになりそうだったら、取捨選択をして課題を減らしてあげましょう。そのほうが結果として、学力アップにつながります。

目安として、低学年の子は10時間、高学年の子は9時間程度を目標にしたいところです。もっとも受験勉強をしていると、平日には現実的に厳しいこともあるでしょう。そういう場合には、土日に1～2時間朝寝坊をさせてあげてください。上記のように、お昼寝も学

今日はもう寝て
明日の朝じゃ
まだ宿題
おわってない〜
朝勉強
したら
成績
上がった!!
95

学習の間に睡眠を挟むと長期記憶が長引く

習のためにとても効果的です。

また、高学年の子を対象にした調査ですが、広島県教育委員会が平成15年度に行った調査によると、平均的な睡眠時間が7時間未満になると成績が顕著に下がるというデータもあります。どんなに忙しくても、7時間半程度の睡眠時間は確保してあげたいですね。

勉強が終わらなければ続きは翌朝

2016年に発表されたフランスのリヨン大学のステファニー・マッツァの研究によると、**勉強の合間に睡眠を取ることでも学習効率が上がる**そうです。朝学習して、同じ日の夕方に再学習したグループと、夕方に学習して翌日の朝に再学習したグループを比較したところ、学習の間に睡眠を挟むことで必要な学習量が半分に減っただけでなく、長期的な記憶の保持がはるかによくなったそうです。「学習後の睡眠はすばらしく優れた戦略ですが、2つの学習セッション間での睡眠もまた優れた戦略です」とマッツァはまとめています。

つまり**予定通りに勉強が終わらなかった場合には、そこで勉強を終わりにして子どもを寝かしてしまい、翌日に続きをさせるのも良い学習法なのです。**そう考えると、予定通りに勉強を終えられなかったお子さんに対する怒りも抑えられそうじゃありませんか？(笑)

まとめ

睡眠はとても効率の良い学習手段である。睡眠を削って勉強をしても、かえって学力は伸びないので要注意。

13 子どもを早く寝かせる技術

子どもが夜遅くまでなかなか寝つかなくてイライラ……。多くの親御さんが経験したことがある状況ではないでしょうか。かく言う私も子どものときは、なかなか寝なくて親を困らせたものでした。怒った父に近所の公園にポイっと捨てられて、家から閉め出されたこともしばしば……。そのたびに、隣に住んでいた祖父母の家に泣きながら入れてもらいました。昭和の時代は過激でしたね（笑）

令和の時代に、ここまで激しいしつけ（虐待？）をされている家はないでしょうが、いつの時代も子どもはなかなか夜寝てくれなくて親を困らせるものだと思います。前節で睡眠が大事ということがわかっても、お子さんが寝てくれなければ意味がありません。そこで、本節では人間の睡眠のしくみをお伝えし、子どもを早く寝かせる方法を実践できるようになってもらいたいと思います。

なお、前節でも書いたように、睡眠はまだ研究が発展途上の分野です。特に、子どもの睡眠に関しては、大人との違いも多くあり、まだ解明が進んでいません。ここに書く内容も今後誤りだったとわかることが含まれている可能性がありますので、１００％鵜呑みにはしないようにお願いします。

睡眠のサイクルを理解する

人間の体内時計は実際の1日よりも少し長い、約25時間周期です。ですから、放っておくとリズムは少しずつ後ろにずれていってしまいます。夜更かしや朝寝坊は簡単で、早く寝たり、早く起きたりするのは難しいという実感がきっとあるのではないでしょうか。

そうならないようにするためには、朝起きたら日光（強い光）を浴びることが効果的です。私たちは日光を浴びることにより体内時計を補正し、24時間である1日に適応しているのです。ですから、**お子さんが朝起きたら、すぐにベランダ・窓際・庭など日光を浴び**

られる場所に連れていって軽く体操でもさせることが、夜速やかに寝るための準備の第一歩になります。外を散歩したりすると、受験生にとってはストレス解消効果も大きく一石二鳥ですね。

そして、大人であればだいたい起きてから16時間後くらいに眠気がやってきます。子どもであれば年齢に応じてそれより早くなります。このとき、眠気が来る直前は、逆に眠気がなくなり目が冴えるということがわかっています。大人の例で言うと、昼寝するのは簡単なのに、起きてから14~15時間くらいのタイミングで寝るのは逆に難しいのです。早寝早起きにリズムを変えることは、人間の体質上とても困難なのですね。

ですから、お子さんが生活リズムを早寝早起きに変えることがなかなかできなくても、怒らず大らかに見守ってあげてください。毎日少しずつずらしていきましょう。なお、前節でお昼寝は学習効果を高めるのでおすすめと書きましたが、寝過ぎると体内時計が狂ってしまい、夜に眠れなくなる恐れがあります。**90分以上のお昼寝はさせない**ように注意してください。

寝る前のNG行動

寝る前にテンションが上がりそうなことは、基本的にはダメです。 マンガ・ゲーム・テレビ・動画などなど、こういったものは寝る1時間程度前は避けるようにしましょう。特にゲーム・テレビ・動画など明るい光が出るものは、眠気を妨げます。眠くないから眠くなるまでテレビを見よう、といった行動は絶対にしてはいけません。子どもの寝室には、(少なくとも夜は) こういったものを置かない・持ち込ませないというルールを決めておきましょう。また、音楽もパンクロックやヘヴィメタルといった激しいものはよくありません。

ぬるめの
おフロは
いいけど
スマホは
ダメじゃ
寝る前にテンションが上がることはNG、
リラックスすることはGOOD

６年生の受験直前期になると、お子さんも勉強に対して熱が入ってくることだと思います。寝る前ギリギリまで勉強していると、興奮して寝つきが悪くなったりすることがあるので注意してあげてください。その他ちょっとしたことですが、夕方以降はコーヒーや緑茶など、カフェインが多いものは避けたほうが無難です。そして、寝る前２時間は甘いものを食べないようにします。どうしてもお腹がすいてしまったら仕方ありませんが、少なくともガッツリ食べることはしないようにしましょう。

寝る前のGOOD行動

では、反対に寝る前にするといい行動はど

いったことでしょうか。まず、シンプルに部屋を暗くすることです。また、自然音やヒーリング音楽など、リラックスできる音楽をかけるのもおすすめです。

そして、**ぬるめのお風呂に、寝る1～2時間くらい前に入っておく**といいでしょう。人は体温が下がっていくのに合わせて眠りに落ちていくようにできているそうです。早めにお風呂に入って温まり、身体が自然に冷めていくのに合わせて布団に入るとスムーズに眠れます。熱過ぎるお風呂に入ってしまうと交感神経が活発になり、かえって寝られなくなってしまうので注意してください。

理想は就寝2時間くらい前にお風呂に入るといいそうですが、塾で帰りが遅くなるとなかなかそうもいきませんよね。そういった場合は仕方ありませんが、なるべく早めにお風呂に入れましょう。

以上、子どもを寝かせる技術でした。中でも重要なのは、寝る前にテレビやゲームなど興奮することをさせない、ということでしょう。ゲームをやめさせても、脳の興奮状態が収まるまでには時間がかかるので、寝つきが悪くなってしまいます。そう考えると、「先に勉強を終わらせてからゲームをしなさい」というのは、あまり良い作戦とは言えません。

寝る前はぼーっとしたり、その日を振り返ったりする時間になるように、1日のスケジュールを立てさせましょう。

まとめ

寝る前に興奮してしまうような行動はNG！ お風呂は熱めよりぬるめがGOOD！ 部屋を暗めにしたり、リラックスできる音楽をかけたり、当たり前と思えることをやるだけでお子さんの寝つきはよくなりますよ。

14 記憶の上書き消去を防ぐ

「ゲームは勉強を終わらせてからにしなさい！」――お子さんにこのように言ってしまったことはありませんか？　前節で、ゲームを寝る直前までやっていると寝つきが悪くなることはお伝えしました。じつはそれだけでなく、勉強のあとにゲームをすると、勉強したことが台なしになってしまうとしたら、どうでしょうか。

睡眠によって定着する前の記憶はもろい

前々節で、記憶は眠っている間に定着することをお伝えしました。じつは、定着前の記憶はもろく不安定な状態だということがわかっています。例えば、エビングハウスの忘却曲線の実験でも、10個の単語を覚えたあとに、さらに10個まったく異なる単語を覚えると、先に覚えた単語を思い出せる量がぐんと減ります。これは「記憶の干渉」と呼ばれます。

勉強のあとの記憶の干渉

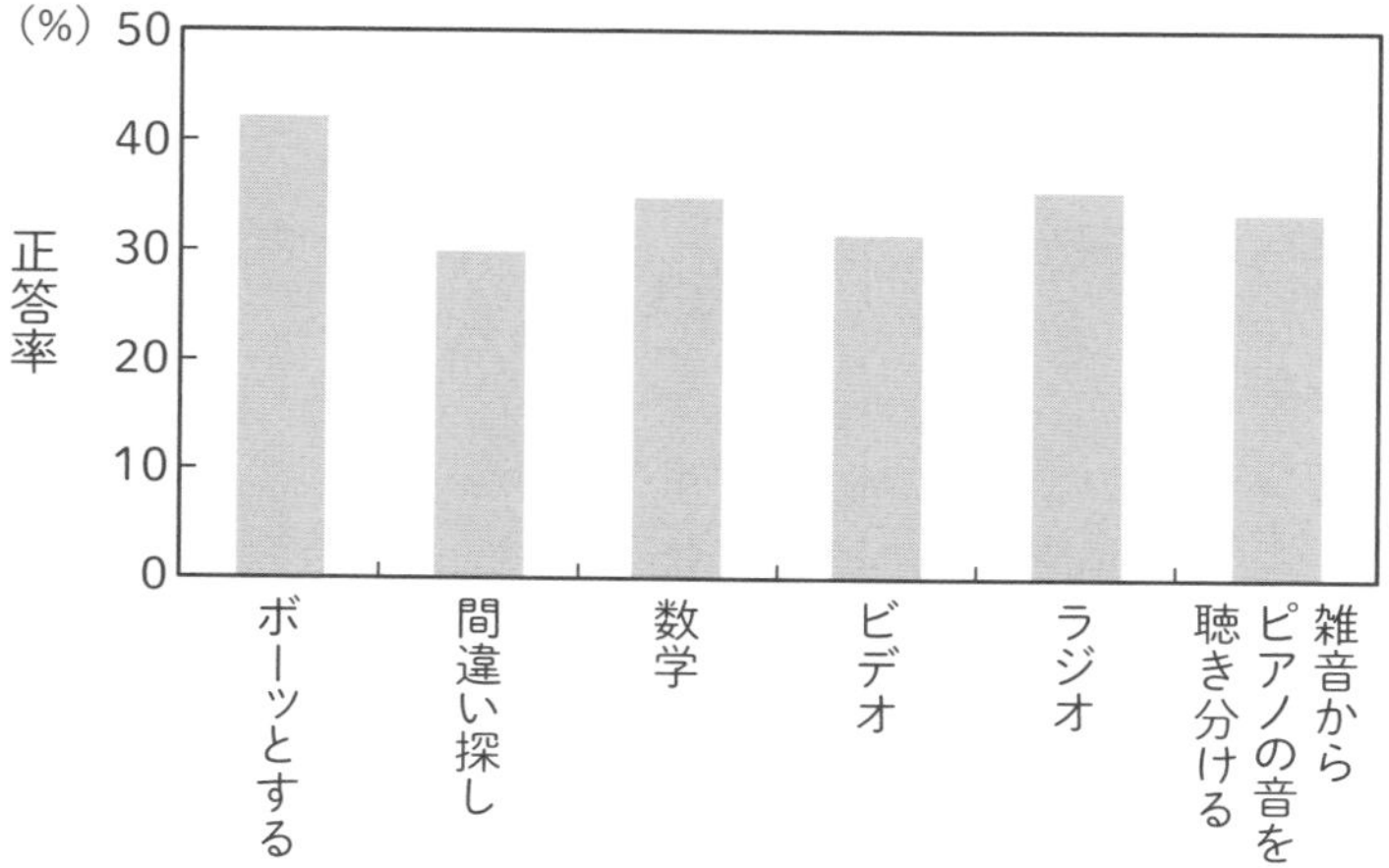
(%)
50
40
30
20
10
0
正答率
ボーッとする
間違い探し
数学
ビデオ
ラジオ
雑音からピアノの音を聴き分ける

子どもにわかりやすくするために、「データが上書き保存されて消えちゃうんだよ」と教えてみてください。

この記憶の干渉は単語を覚えたあとに新たに単語を覚えるといった、類似の活動をする場合以外にも起こります。実験によると、単語を覚えたあとに、「ラジオから聞こえる言葉を覚える」「ビデオを見て映像を覚える」「写真のペアを与えられ間違い探しをする」「短い数学の問題を考えて解く」「ノイズの中のピアノの音を聞き分ける」といった、様々な頭を使う活動をさせて比較したところ、どれも「ぼーっとする」よりも多くの記憶が失われました。

ということは、一生懸命勉強していろいろなことを頭に入れたとして、その後にゲームをたっぷり楽しんだらどうなるか……。もうおわかりですよね。**先にやった勉強の記憶は、あとから入ってくるゲームによって消されてしまう**のです。これは勉強のやり方として得策とは言えませんね。

勉強の記憶を定着させるコツ

では、せっかく勉強した内容を記憶に定着させるためにはどうすればいいのでしょうか。

まず考えられる良い方法は、**勉強したあとは余計なことをせずにすぐに寝る**ことです。つまり、勉強の時間をあとに持ってくるということですね。学校から帰ってきたら遊びに行くなり、ゲームをするなりする。そして、夕ご飯を食べたあとから寝るまでを勉強時間にあてましょう。細かい時間設定は、各家庭の夕食の時間やお子さんの学年によって差が出るので、うまく調整してください。

ゲームのあとは
勉強して
記憶を
上書き
するんじゃぞ
寝る前は勉強時間にしよう

テレビなどはリアルタイムで見ずに、録画して翌朝見るようにすると、早起きの習慣がついていいですね。朝は朝で勉強するのにとても良い時間帯でもあるので、早起きして勉強できる子はそれでも構いません。しかし、そういう子は少数派だと思います。きっと起こすだけで、ひと苦労という保護者の方が多いですよね。であれば、朝はあきらめてテレビの時間にしてしまい、夜だけでも勉強時間として確保したいものです。

次に、**勉強を先に終わらせてゲームをしたあと、寝る前にもう一度復習するというもっと良い方法があります。**間をあけて復習することは、それ自体記憶を強くする効果が大きいと「分散学習」の節でお伝えしました。寝る前に勉強すると、その内容が記憶の干渉によって消えずに定着しやすくなることと合わせて、一石二鳥の効果があります。

ただし、これまでにも繰り返しお伝えしているように、頭を使わない形だけの学習は効果が極めて低いものです。そして、復習や解き直しは、子どもがめんどくさがって嫌がるのはご存知の通り。形だけでなく、積極的に寝る前の復習を実行してもらうのは、それなりにハードルが高いでしょう。ちゃんと意義を伝えて、納得してもらうことが必要です。

まとめ

勉強したあとは頭を使ってはいけない。一日の最後、寝る前の時間は勉強しよう。

15 短期記憶（ワーキングメモリ）の働かせ方

テストで緊張して、頭が真っ白になってしまった結果、大失敗。そんな経験はないでしょうか？　もしあったら、それは短期記憶（ワーキングメモリ）が働いていない状態なんだと覚えておいてください。

短期記憶は、「冷静によく考えて対処する」脳の働きです。それに対して長期記憶は、「すぐに反応して対処する」脳の働きです。私たちは野生の頃の脳の働きをほぼそのまま使っていると繰り返しお伝えしていますが、この短期記憶が働かなくなるのも野生で生き残るための方法の1つなのです。

サバンナで危険な肉食獣に会ったときには、冷静によく考えている場合ではありません。

冷静な脳の働きをストップして、すべてのエネルギーをすぐに反応する脳と全身の筋肉の働きに回します。心理学ではこれを「闘争・逃走反応」と呼んだりします。この反応がテスト本番や試合本番に出てしまうのが、頭が真っ白になってしまう原因です。テストや試合の場を、「命がかかった場だ！　戦え！　あるいは逃げろ！」と誤解してしまうのですね。実際に、こういった頭が真っ白になることでテストの点数が下がる現象は、次のような実験でも確認されています。

短期記憶が働かないと難しいテストでは点が取れない

シアン・L・ベイロックという心理学者が、ミシガン大学の学生たちに被験者になってもらい、短期記憶の働きとテストの成績の関係を調べました。短期記憶の能力には個人差があり、検査によって調べることができます。この実験を行う際にも、参加者たちに2種類の検査を受けてもらい、学生たちを短期記憶の能力が高いグループと低いグループに分けました。

そして、彼らに数学のテストを2回受けてもらいました。テストには難しい計算問題と

短期記憶とテストの成績の関係

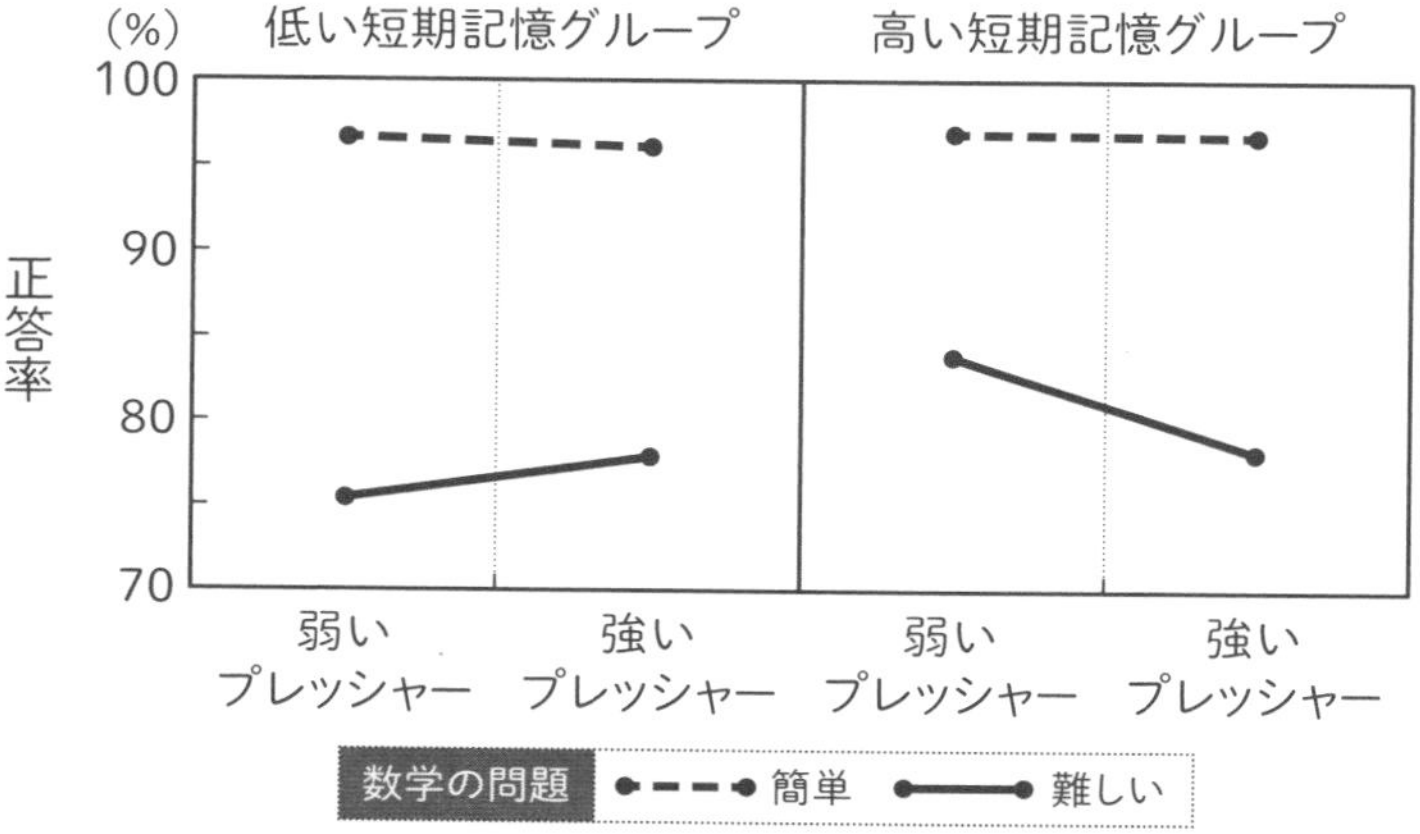

(%)
低い短期記憶グループ
高い短期記憶グループ
100
90
80
70
正答率
弱い プレッシャー
強い プレッシャー
弱い プレッシャー
強い プレッシャー
数学の問題
簡単
難しい

簡単な問題が混ざっています。1回目のときには特にプレッシャーをかけずに普通にやらせます。そして2回目のときには、強いプレッシャーをかけました。

「1回目に受けた練習テストに比べて20%成績が改善したら、5ドルの賞金を出す」「ただしそのためにはランダムに組んだペアの両方が基準をクリアしなければいけない」「あなたのペアはすでに基準をクリアしているが、あなたが失敗したらペアの相手ももらえない」「テストの様子は録画され、先生や教授が見ている」といった具合です。なかなかきついプレッシャーですね。

テストの結果、「短期記憶の能力が高いグループ」が「強いプレッシャーの下」で「難しい問題」を解いたときには、成績が大きく下がることがわかりました。**せっかく高い短期記憶の能力を持っていても、プレッシャーがかかると力を発揮できない**ということがわかりますね。

不安や雑念、様々なものが邪魔になる

「このままじゃ合格できないぞ！」

「せっかく何年も頑張ってきたのが無駄になるぞ！」

テスト前にこういったプレッシャーをかけてはいけない、ということがわかっていただけたと思います。ですが、そういったプレッシャーをかけなくとも試験が近くなれば、子どもたちの頭の中にはちょっとした不安が頭に浮かんでしまうものです。

過度のプレッシャーで頭が真っ白というほどでなくとも、そんなちょっとした不安でも、短期記憶は働きを阻害されます。たった5〜9個しかないメモリの容量を「失敗したらどうしよう」といった余計な思考が1つ2つ……とつぶしていってしまうのです。私の指導

あのポーズです!!
イチロー!
頑張れー
本番で力を発揮するためにルーティンを取り入れる

経験上でも、受験直前期になるとミスが増える子は多いですが、やはり不安が影響しているのだろうと思います。

短期記憶を解放する2つのポイント

試験本番で短期記憶をしっかり働かせるポイントは2つです。

1つ目のポイントは、「闘争・逃走反応」が起こらないようにすることです。脳に、これからやることは「いつも通りのことだ」と認識してもらうのです。よく言われる、「本番は練習のつもりで」ということですね。

しかし、練習のつもりと言われても「じゃあ、どうしたらいい?」というのが難しいですよね。

わかっちゃいるけど……というやつです。そこで、練習通りにする方法の1つとして**「ルーティンを作ること」**をおすすめします。

スポーツ選手を見るとイメージしやすいと思いますが、多くの選手は本番前の「儀式」を持っています。練習のときから同じ動作を繰り返して習慣にし、本番も同じ動作をすることで、「これからやるのは練習と同じことだよ」という合図を脳に送ります。これを勉強にも取り入れてみてください。

伸学会では、ルーティンとして「マインドフルネス瞑想」をすすめています。勉強の前、テストの前、それぞれ目をつぶって数分間大きく深呼吸を繰り返すことを習慣化します。そうすれば本番で緊張しても、同じように目をつぶって深呼吸することで、普段の自分を取り戻すことができます。

2つ目のポイントは、不安を心の外に追い出すことです。こちらも、わかってはいてもどうしたらいいかわからないことが多いと思いますので、その具体的な方法をご紹介しよ

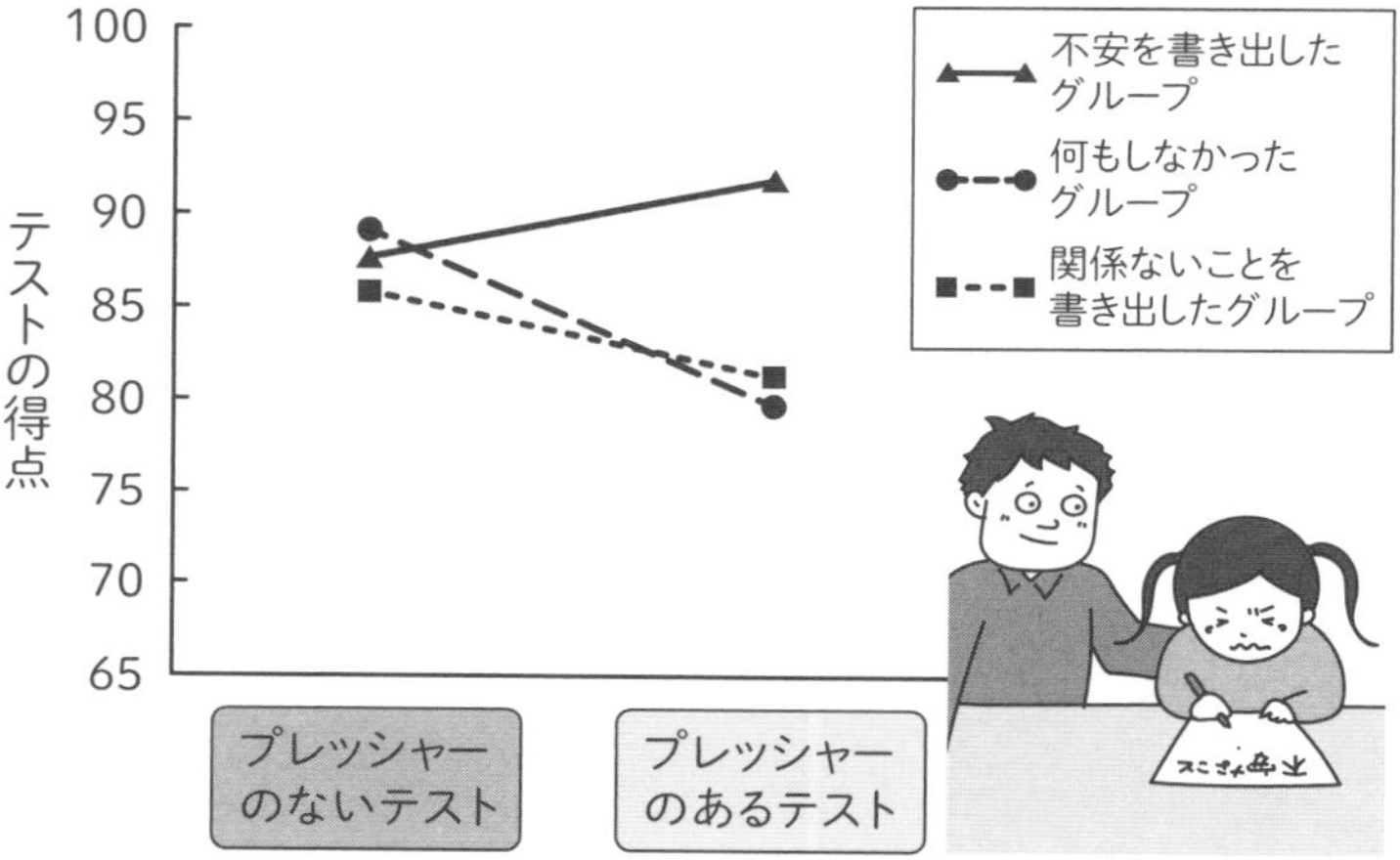
100
95
90
85
80
75
70
65
テストの得点
不安を書き出したグループ
何もしなかったグループ
関係ないことを書き出したグループ
プレッシャーのないテスト
プレッシャーのあるテスト

うと思います。その方法が、**「不安を書き出すこと」**です。

シアン・L・ベイロックとジェラルド・ラミレスはその後こんな実験を行いました。先ほどの実験と同じように、被験者たちに2回の数学のテストを受けさせました。2回目には「よくできたらお金をあげる」「でも失敗したらペアの相手もお金をもらえない」などのプレッシャーをかけるのも同じです。違いとして、被験者を3つのグループに分け、1つのグループはテストの直前10分間で、テストに感じている不安について記述させました。比較用の残りのグループは、1つは直前10分間にテストに関係のない日常のことについて記述させました。もう1つは、プレッシャーをかけたあとですぐに問題を解かせました。その結果、不安を書き出したグループはテストの点数が顕著に上がる一方で、テストと関係ないことを書き出したグループと何もしなかったグループは点数が下がりました。かなり即効性がありますね。しかも、不安を書き出したグループの点数は、プレッシャーのない状態でテストを受けた1回目よりもよかったのですから驚きです。

自分の心の中にある不安や悩みを書き出して客観視するワークは、うつ病などの改善にも効果があることが知られています。**不安を感じるときは、そこから目を背けるよりも、向き合って整理するほうが改善につながる**ということですね。

お子さんが受験直前で不安やプレッシャーを感じているときには、そこから目をそらすために気分転換に遊びに連れていくよりも、このワークをさせることをおすすめします。ぜひ一度と言わず、定期的に何度も繰り返してみてください。

ワークの注意点ですが、記述問題の解答を書くわけではないので、正しい日本語で書かなければいけないということはありません。漢字の間違い、句読点のミスなど気にせず、ただ書き出します。また、お子さんが自分で書いた内容を一切否定しないようにしてください。いっそ親は見ないほうが、お子さんは思ったことを素直に書けていいでしょう。

もし、幼くて自分で書くことが難しければ、話を聞いてあげるだけでも効果はあります。そのときにも、お子さんの不安をすべて肯定して受け入れるようにしてあげてください。お子さんの短期記憶が、試験本番でしっかり働くようにしてあげましょう。

最後に、短期記憶の能力は個人差があります。この節では持っている能力を発揮する方法をお伝えしましたが、そもそもの能力を高めるにはどうすればいいのでしょうか？　そのための方法は「音楽」と「運動」です。勉強に関係なさそうなのに意外ですよね（詳しくは4章第2節でお伝えしています）。能力を高めるためには時間がかかりますので、気長に取り組んでみてくださいね。

まとめ

試験で能力を発揮できるようにするためには、プレッシャーや不安を取り除くことが大切。「ルーティン作り」と「不安を吐き出す」ことで対策しよう。

第3章

ムダなく成績アップにつながる科目別勉強のコツ

今日は算数から始めよう
じゃーん
算数
え〜算数かぁ〜
うへぇ
のぶちゃんは算数が嫌いかね？
だって算数はやっても全然伸びないんだよ
ちーちゃんはすぐ分かるんだって
算数スキー♡
ちーちゃん
それはなぜだか知っておるかの？
えっ理由があるの？
私がバカなのかと…
もちろん何事にも理由があるのじゃ
自分をバカなどと言うでない
算数は能力と知識の両輪が必要なんじゃ
能力と知識？
チリンチリン
こういうことじゃ
知識とは…公式や図の書き方
能力とは…「数の大きさ」や「割合の感覚」をイメージできる
こっちは教われる
こっちは教われない！
へー

例えばサッカーで戦術を教えることはできるが
ここでパスで…
ハイ
ボールを上手に蹴るとかは教えられないじゃろ?
練習あるのみじゃ
この両方がそろって初めてできるようになるのじゃ
コホン
どうりで公式覚えても解けないと思った!
イメージできてないってことかー
もっと何度も問題解いて体で感覚を覚える必要があるのじゃ
ヨッ
もしかして他の科目にもコツがあるんですか?
あっ
もしや!!
器用!
もちろんじゃ
ここからは科目別の勉強のコツを授けてやろう
さ、いくぞ

1 算数の勉強法 それは「能力」か「知識」か？

中学受験でも高校受験でも大学受験でも、算数・数学は最も差がつきやすい科目の1つです。勝負を分ける科目と言ってもいいかもしれません。ですから、みんな一生懸命勉強します。しかし残念ながら、その努力がそのまま成果につながるとは限りません。頑張って勉強しているのになかなか成績が上がらず、「私は文系なんだ……」とあきらめてしまう子がたくさんいます。あなたの周りにも、きっとそんな子がいたはずです。はたして、すぐに成績が上がる子と、なかなか成績が上がらない子の違いは何なのでしょうか？

算数ができるようになるために必要な両輪

じつは、**算数ができるようになるためには、土台となる「能力」と、公式や図の書き方といった解法の「知識」の両者がバランスよく必要なのです。**

算数ができるために必要なもの

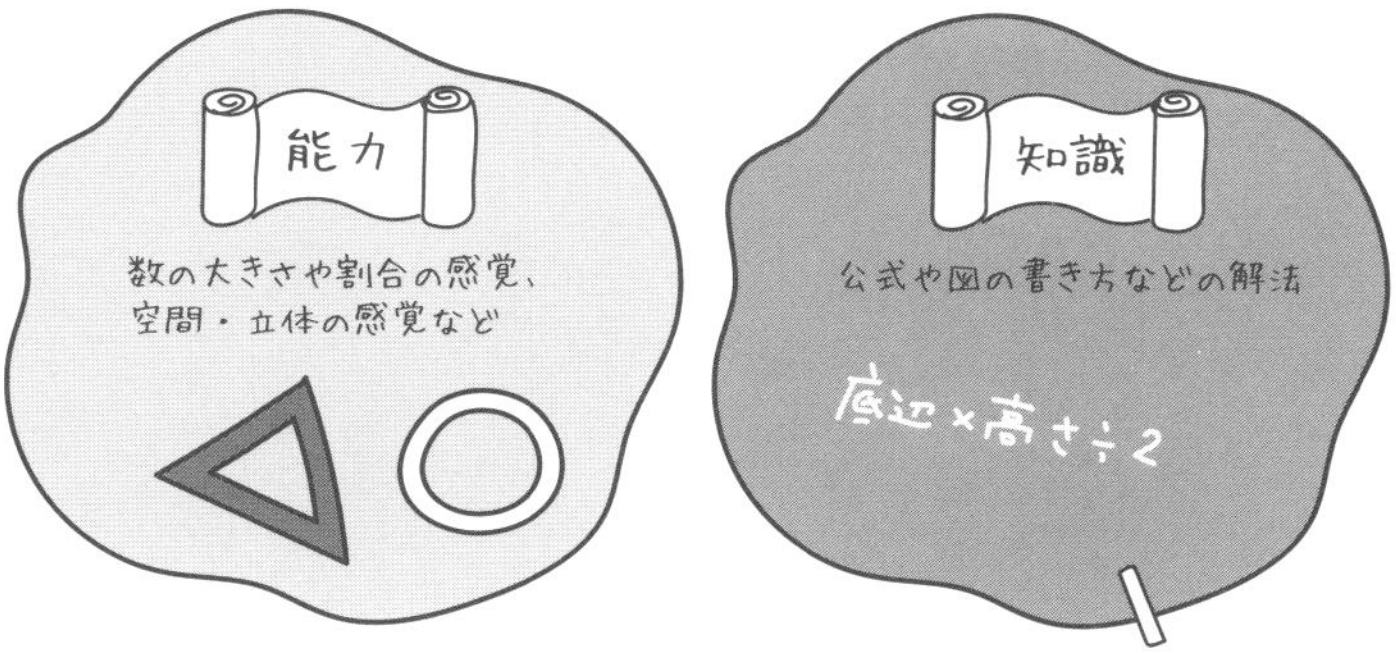

わかりやすくイメージするために、サッカーで例えましょう。速く走る・長時間走る・ボールを上手に蹴るなどは、土台となる「能力」です。「能力」を鍛えるためには自分で練習する以外に方法はありません。言葉で説明してアドバイスをすることはできても、それだけで身につけさせることはできないのです。

それに対して、この状況ではどのフォーメーションを採用するか、誰をマークし、誰にパスを出すべきかといった戦術は「知識」です。「知識」は言葉で説明して、教えることができます。土台となる能力と戦術的な知識の、どちらか一方でも低ければ、選手として活躍できないのはわかると思います。

勉強でも同じようなことが言えます。「数の大きさや割合の感覚」「図形の形をとらえる感覚」「空間・立体の感覚」などは、土台となる「能力」です。これらは自転車の乗り方や泳ぎ方と同じく「手続き記憶」に近いもので、言語化することはできません。ですから、授業を聞いたところで理解することはできません。鍛えるための基礎トレーニングを何度もやって、頭と体で覚えるしかないのです。

それに対して、この問題はどんな図や式を書けばいいかといった戦術は、「知識」として教えられます。学校や塾での授業は、主にこの「知識」を教えることに終始しています。

これらの「能力」と「知識」が両方そろわないと、算数の成績は伸びていきません。例えば、カーネギーメロン大学のリサ・ファツィオらの次の研究がそのことを示しています。小学5年生の子どもたちに、イメージを使うタイプの問題（次図・上段のようなもの）と、数式を使うタイプの問題（次図・下段のようなもの）をたくさん解かせました。また、こ

リサ・ファツィオらの研究

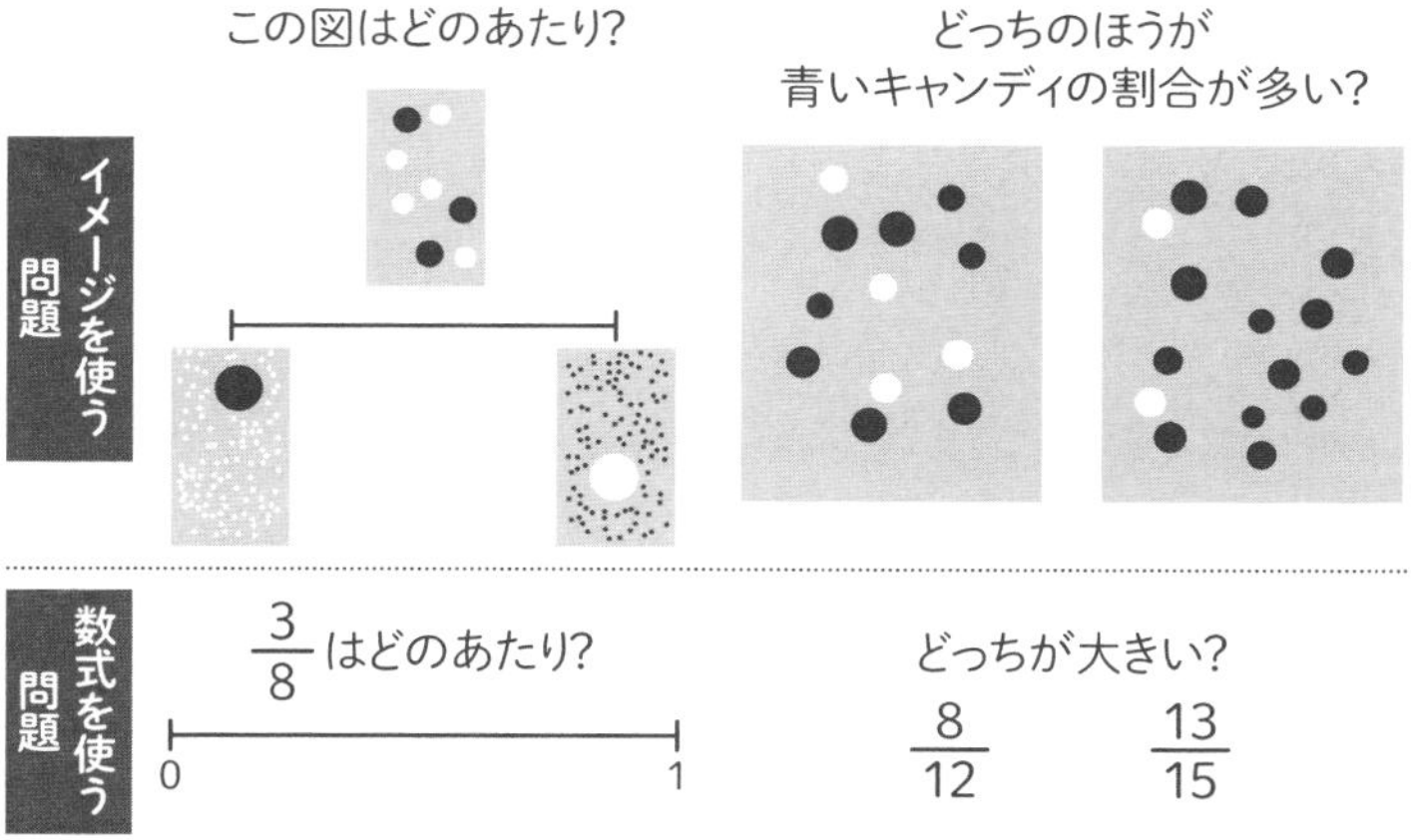
この図はどのあたり?
どっちのほうが
青いキャンディの割合が多い?
イメージを使う
問題
数式を使う
問題
3/8 はどのあたり?
0
1
どっちが大きい?
8/12
13/15

れとは別に算数の一般的なテストも受けさせました。

これらの点数を比較したところ、イメージを使った問題がよくできた子は、算数のテストの点数が高くなりました。また、数式を使った問題がよくできた子も、算数のテストの点数が高いことがわかりました。しかし、イメージを使った問題の点数と、数式を使った問題の点数の間には相関関係がありませんでした。

算数ができるようになるためには数をイメージでとらえる「能力」と、数式に関しての「知識」の両方が必要ということです。そして、これらは一方を鍛えればもう一方が自然と育つわけではないこともわかります。だから、一方が足りない場合はそれを鍛えるためのトレーニングが必要なのです。

数をイメージでとらえる感覚だけでなく、図形の形をとらえる感覚、空間・立体の感覚もそれぞれ同様です。図形の面積や体積の公式を知っていても、複雑な複合図形の中で「おうぎ形」や「台形」や「三角すい」が見えなければ、問題は解けないのです。

算数が苦手な子の多くは「能力」が足りない

多くの場合、塾の授業は問題の解き方の「知識」を教えます。「能力」を鍛えるトレーニングは行いません。「能力」を鍛えるためには、最初のサッカーの例で言えば「走り込み」のような基礎トレが必要です。たった1週間走りまくっても、短距離走も長距離走も劇的に速くはなりません。だからサッカーの練習では、継続的な走り込みがつきものですよね。

しかし先ほども言ったように、ほとんどの塾には能力を鍛える基礎トレはありません。一般的な塾のカリキュラムでは、「第○回立体の切断」といった形で、立体問題の解き方

「能力」を鍛える図形や数のパズル

立体パズルの例

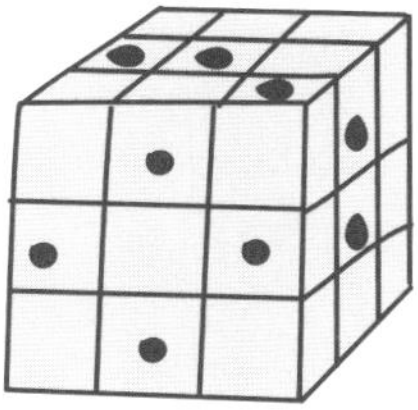

穴があいている立方体の
数を頭の中で考えさせる

百玉そろばん

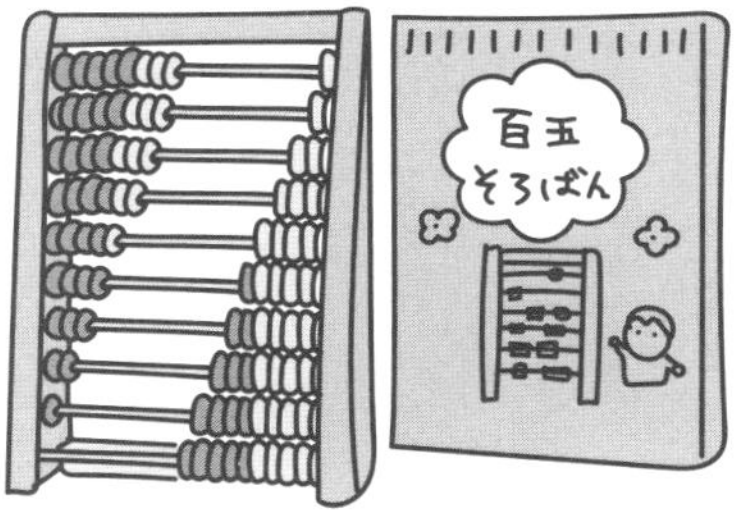

未就学児向け。
遊びながら数の概念を学べる

の知識を1週間習って終了です。もともと空間・立体のセンスがある子はそれであっさり解けるようになりますが、センスのない子はなかなか解けません。

算数が苦手な子たちは、それでもなんとかできるようになろうと、一生懸命いろいろなパターンの問題を解き、その問題ごとに解法を「知識」として覚えようとします。ですが、算数は少しいじっただけで、まったく違う印象の問題になります。パターンは無限大。覚えきれるわけがありませんね。知識での対処は、早々に限界を迎えるのです。

「能力」を鍛えるトレーニングをさせる

そこでおすすめしたいのが、図形や数のパズルです。私たち伸学会でも、低学年から高学年の子まで（中には中学生も）、算数パズルの授業で「能力」を鍛えています。毎週毎週取り組んでいると、着実に能力の進歩が見られます。未就学児の子であれば、タングラム・レゴブロック・百玉そろばん・分数パズルなどの知育おもちゃがおすすめです。

なぜ算数が苦手になってしまうのか？ その理由がわかれば対策も可能です。できれば早めに対策をしておき、算数が得意な子に育ててあげてください。

まとめ

「学校の授業」「塾の授業」「公文式」「アルゴクラブ」「パズル道場」「図形の極み」は、それぞれ「知識」と「能力」どちらを鍛えているか考えよう。その上で、不足しがちな「能力」を鍛えるトレーニングを行おう。

2 国語の勉強法 総論

国語の勉強法がわからない――そんな悩みを抱えていませんか? 私はこれまで多くの保護者の方々から、何を勉強させればいいかわからないと相談をされてきました。保護者さん自身は国語ができない場合もあれば、できる場合もありました。

「私もできなかったから…」

「私は特に何もしなくてもできたから…」

どちらのケースもありますが、共通するのは「国語を意識的・戦略的に勉強してできるようになった経験」を持っていないということです。だから勉強法をお子さんに教えることができないのです。

特に何もしなくてもできた人が、自分は国語ができるからといって国語の先生になっているケースもあります。意識的に指導法を学べば別ですが、そうでない限りそういった先生たちも国語を指導することができません。

これは実際にあった例ですが、個別指導で教えていた生徒が、メインの塾の国語の先生から「日本人なんだからわかれよ！」と言われ、「そんなこと言われてもわからんし！」とぷりぷり怒っていました。こういった状況の中で、国語は勉強法がない科目、センスでできるかできないかが決まる科目、そんな誤解が広まっています。

受験国語の成績を伸ばすために必要な力とは？

はたして国語には勉強法がないのかと言えば、もちろんそんなことはありません。確かに何となく問題を解き、これが答えだと言われて「ああ、そうか」と思っているだけでは成績が伸びないのは間違いありません。

しかし、国語の問題を解くために必要な力が何かを分解し、それぞれに対して必要な練習・学習をしていけば、国語の成績もちゃんと伸ばすことができます。そのための第一歩が、国語の問題を解くために必要な力が何かを知ることです。

ここでも前節の算数と同じように、「能力」と「知識」に大きく分けて考えます。**「能力」としては、「正確に読む力」「速く読む力」「覚えながら読む力」があり、「知識」としては「語彙・背景知識」「言い換える技術」「理由をたどる技術」「比べる技術」などがあります。**

塾では指導できないもの

塾の国語の授業で指導できるかできないかと考えたときに、算数の場合と同様に「能力」

国語ができるために必要なもの

の3つは指導できません。「ちゃんと正確に読みなさい」「急いで速く読みなさい」「しっかり読んだ内容を覚えなさい」と言ったところで、子どもはできるようにはなりませんよね。

加えて、「語彙・背景知識」は指導しきれないというのが正直なところです。語彙と言うと、ことわざ・慣用句・四字熟語などを想像するかと思います。これらも語彙として重要です。こういったものは塾の語句のテキストには載っていて、一応は指導されます。

しかし生きた言葉として理解できるようになるには、文脈の中で使われているのを見て体感していかなければいけません。テキストで学習する以上のトレーニングが必要です。

それだけでなく、「常識」と言ってもいいような「語彙」の重要性も忘れてはいけません。例えば、私たちが国語で物語文を指導しているときに生徒が知らなくて困ったのが、「レール」「雪合戦」「おおみそか」「ピッチャー」といった言葉です。このレベルの言葉まですべて網羅していたら、それはもう語句のテキストではなく辞書です。塾では指導しきれない、というのがおわかりいただけるのではないでしょうか。

知らない…
ピッチャーって
水を注ぐやつ？
野球のルール
知ってたっけ？
バッテリー
語彙・背景知識がないと内容をイメージできない

「背景知識」はもう少し複雑な知識の集合のことを指します。例えば、論説文で環境汚染や地球温暖化がテーマになっているときに、社会科の授業でこれらを学習して理解できているかどうかで、本文を読んだときに内容が理解できるか、イメージできるかが大きく変わります。物語文でも、野球のルールを知らない子と知っている子では、あさのあつこの『バッテリー』を読んだときに理解度に大きな差が出ることは想像できるでしょう。

結局のところ算数と同じく、書いてあることをイメージとしてとらえることができるかどうかが成績につながります。イメージとしてとらえるためには、語彙・背景知識が必要なのです。

これらの「3つの能力」および「語彙・背景知識」を身につけさせるのに、私が最も効果的だと考えるのが読書です。**子どもは読む経験を積み重ねることで、速く・正確に・覚えながら読む能力を体得し、あわせて語彙・背景知識を吸収していきます。**

また、伸学会では能力アップの方法として、国語の授業とは別に「速読トレーニング」も実施しています。速く読むだけでなく、正確に読むトレーニング・記憶するトレーニングもセットになっていて、受講している子たちの読書速度は顕著に上がります。

一般的な大人の読書速度は1分間に500文字前後と言われていますが、1年以上受講している小学生たちはだいたい1分間に1000文字以上の速さで読めるようになります。速く読めるようになれば、同じ時間で読める本の量が増えるので、間接的に語彙・背景知識を増やすことにもつながりますね。

子どもを読書好きにして
「能力」と「語彙・背景知識」を身につけさせよう

国語の勉強代わりに読書させない

ここまでの話の流れで、もし「うちの子は語彙力が足りないから読書から始めなきゃ！」と思ったとしても、気をつけてほしいことがあります。それは、**読書の効果が出るのには時間がかかる**という点です。また、先ほどの国語の解き方の３つの技術（「言い換える技術」「理由をたどる技術」「比べる技術」）を勉強しなければ、問題は解けません。

ですから、技術の勉強を減らす代わりに読書をさせても、成績の向上は見込めません。技術の習得に加えて、読書をするように仕向けなければいけないのです。テレビの代わりに読書、ゲームの代わりに読書となるように仕向ける。それはつまり、**子どもを読書好きにさせる**ということです。

前著の『小学生の子が勉強にハマる方法』でも書きましたが、きっかけとしては「親子どもと一緒に読書をする」「図書館で自分で本を選ばせる」などがすぐにできていいでしょう。そして、読んだ冊数を記録して、スコアの伸びを親子で競うと継続的に楽しめていいですね。読書が嫌いな子であれば、はじめのうちは「ご褒美を設定」することで、読書を続けられるようにサポートしてあげてください。

こういった働きかけを通じて「能力」と「語彙・背景知識」を身につけておけば、あとは解き方の3つの技術を覚えることで問題が解けるようになります。できれば高学年になってから慌てるのではなく、低学年のうちから準備しておきたいですね。

もし、「うちの子は読書好きで、いろいろなことをよく知っているのに国語ができないな」という場合には、技術を知らないせいで問いに答えられていないということです。これについては次節で大まかに説明します。細かく書くとこれだけで本が1冊書けてしまうので、本書では概要しか説明しませんが、どういった練習が必要なのかというイメージをつかんでもらえればと思います。

まとめ

「能力」や「語彙・背景知識」は授業では習えない。読書で身につけさせよう。

3 国語の勉強法 各論

文章に書いてあることが理解できたとして、国語の成績を上げるために次に必要になるのが「問いに答える力」です。つまり、「言い換える技術」「理由をたどる技術」「比べる技術」の3つです。国語の入試問題でよく問われる「どういうことか説明しなさい」は言い換える技術、「理由を説明しなさい」は理由をたどる技術です。比べる技術は変化をとらえたり、対立する意見を比べたりと、子どもには一段難しい内容になっています。

これらは、こういうことが聞かれたときにはこういうことを答えなさいという、ある種の「お約束」です。算数で言えば「公式」や「解法パターン」にあたります。「食塩水の問題」が出たときに、「面積図、またはてんびん図を書く」と知らなければ、問題は解けません。国語でも同様に、「物語文で行動の理由を聞かれている」→「出来事と気持ちを書く」を知らなければ問題は解けないのです。以下で、それぞれの技術について解説していきましょう。

「言い換える技術」とは？

「言い換える技術」は、同じ内容を抽象度を変えて説明することです。 問われ方としては「○○とはどういうことですか？」「○○とはどのようなものですか？」「○○とは何ですか？」といった形が多いでしょう。

例えば、「これ」「それ」「あれ」といった指示語を含む部分に線が引かれていて、何を指すか問われたり、比喩表現に線が引かれていて、何を表すか問われたり、具体例に線が引かれていて、それらを抽象化してまとめた内容を問われたり、逆にまとめ部分に線が引かれていて、その内容を具体的に説明することを求められたりといったことです。

少し例を挙げて考えてみましょう。お子さんがクジラとは何かを理解しているかを試すことを想像してみてください。あなたは「クジラって知ってる？」と問いかけます。その

「クジラとは何？」と聞かれた場合の説明

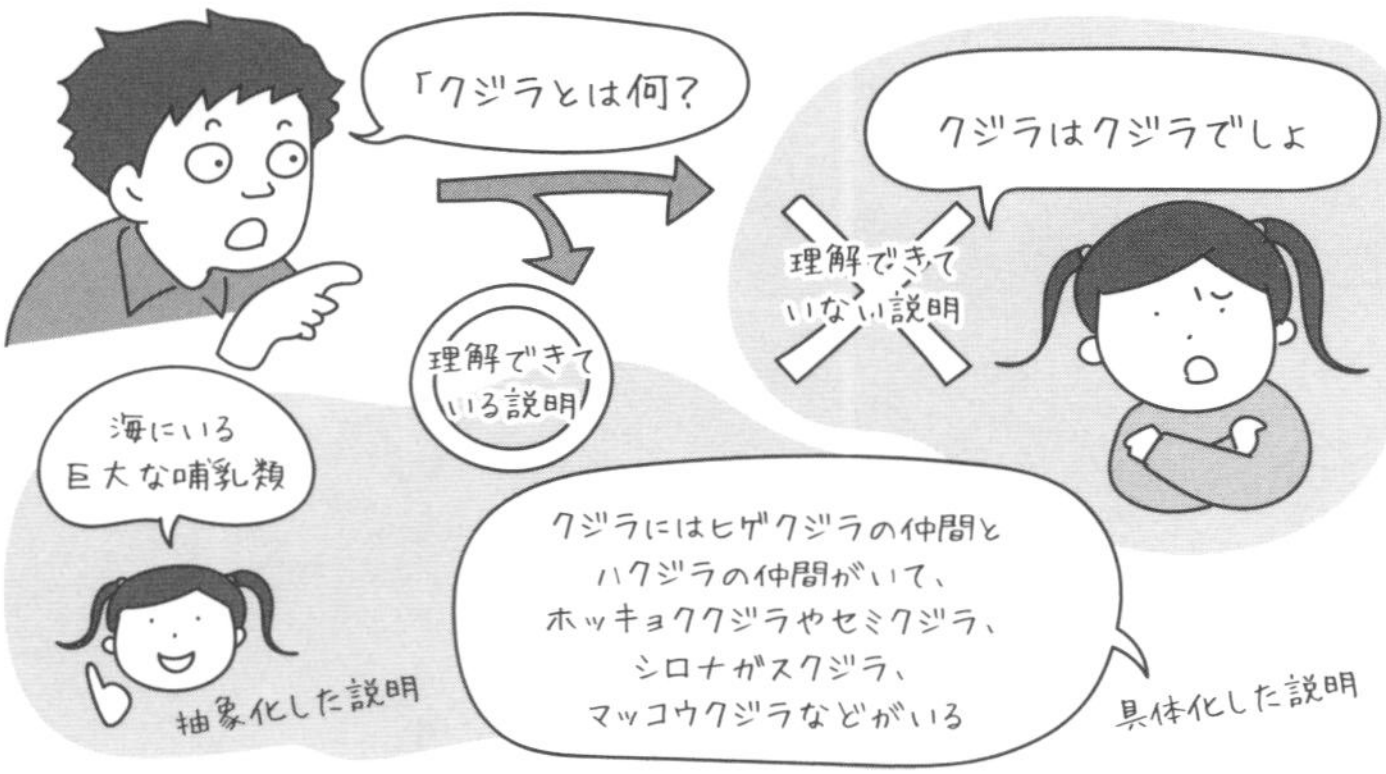
「クジラとは何？
クジラはクジラでしょ
理解できていない説明
理解できている説明
海にいる巨大な哺乳類
抽象化した説明
クジラにはヒゲクジラの仲間とハクジラの仲間がいて、ホッキョククジラやセミクジラ、シロナガスクジラ、マッコウクジラなどがいる
具体化した説明

ときにどんな答えが返ってきたら、「あ、わかってるな」と判断できますか？

例えば、こんな回答はどうでしょう。「クジラはクジラだよ」。これではわかっているとは判断できませんね。

では、こんな回答はどうでしょうか。「海にいる巨大な哺《ほ》乳《にゅう》類《るい》だよ」。これならわかっていると言えそうです。哺乳類というのはクジラを抽象化した説明です。

あるいは、こんな回答はどうでしょうか。「クジラにはヒゲクジラの仲間とハクジラの仲間がいて、ホッキョククジラとかセミクジラとかシロナガスクジラとかマッコウクジラとかがいるよ」。これも、わかっていると言えそうですね。これはクジラを具体化した説明です。

抽象化・具体化ができるということは、116ページでお伝えした「構造化」ができているということです。言い換えることができれば、ちゃんとわかっているという確認になるとご理解いただけたでしょうか。テストのときにも、こういったことが試されているのです。

傍線部を「どういうことですか?」と問われた場合には、記号問題（選択問題）であればシンプルに同じ内容の選択肢を選べばいいだけです。これは子どもに教えると「同じでいいの!?」と言われることがあるくらいですから、当たり前だなんて思わずにちゃんと教えておくことが必要です。記述問題であれば、その傍線部と抽象度は違うけれど同じ内容を示すものを本文から探してきて回答しましょう。自分の頭で考えなくても大丈夫です。

「理由をたどる技術」とは?

「理由をたどる技術」は、ものごとの因果関係を整理することです。問われ方としては、

◎論説文
「だから」「なぜなら」などの接続語、
「〜から。」「〜ため。」の文末から理由を判断できる。
◎物語文
書かれていない心情を文章から読み取り、
「出来事」と「気持ち」を書く。

「〇〇なのはなぜか説明しなさい」「〇〇の理由を説明しなさい」といった形になります。例えば、論説文であれば筆者の主張に線が引かれていて、その論拠が問われたり、物語文であれば登場人物の行動に線が引かれていて、その理由を問われたりします。

お子さんがあることを理解できているかどうか試す方法として、因果関係を問うことが効果的なのは想像しやすいと思います。「なぜ廊下を走ってはダメなの？」と聞いて、「ダメだから」という回答だったら、ルールの意義が理解できていないことがわかりますね。「走って誰かにぶつかると危ないから」などのように、理由が説明できれば理解していると言えます。

論説文でこのタイプの問題が出されたときには、基礎的な問題であれば「だから」「なぜなら」といった接続語や、「〜から。」「〜ため。」といった文末で、本文のこの部分に書いてあることが理由だと外形的に判断することができます。ただ、難関校・最難関校レベルで合否を分ける問題となると、「だから」「なぜなら」のような接続語がなく、内容からこれが理由だと判別できなければいけない場合もあります。つまり、前節でお伝えした「語彙・背景知識」に基づく本文の理解が、結局のところは必要になってくるのです。

物語文で理由をたどるタイプの問題が出されたときには、「出来事」と「気持ち」を書かなければいけないと決まっています。「何か出来事があった」→「その結果、ある気持ちになった」→「その結果、ある行動・しぐさ・発言が生まれた」という因果関係の理解が問われています。

物語文が苦手な子は、心情を答えられないという場合がほとんどです。原因は、心情を

「人はこういう状況のときには
こういう気持ちになる」ということを、
知識として覚えておこう。
「自分だったら…」とは考えない。
それダメ
私だったら…

書かなければいけないというルールを忘れてしまう、あるいは正しい心情が読み取れないのどちらかです。そして、なぜそういったことが起こるかというと、受験に出題されるような物語文には、「心情語」は書かれていないからです。

みなさんが読まれる小説には、登場人物の気持ちが「〇〇は悲しくなった」「〇〇は憤慨した」のように毎度毎度書かれているでしょうか？　そんなはずありません。低学年向けの絵本ならともかく、高学年の子が読むような本でいちいちこんなことが書かれていたら興ざめですよね。**物語文は、この「書かれていない心情」を文章から読み取り、解答**

する必要があるのです。書かれていることだけを答える論説文とは、ルールが違うことを覚えておきましょう。

「気持ち」を答える上で、もう1つ覚えておかなければいけないことがあります。それは、絶対に「自分だったら…」と考えてはいけないということ。例えば、ある子が泣いているとします。その子はテストで悪い点数を取ってしまったようです。この子はいったいどんな気持ちなのでしょうか？　何かしらマイナスの気持ちであることはわかりますが、この情報だけでは答えは絞り切れません。悲しいのかもしれないし、悔しいのかもしれない。

こういうときは、前提条件を踏まえて判断する必要があります。もしその子が「おとなしい内気な子」ということが本文の他の部分から読み取れれば、「悲しい」が正解となりそうです。「勝ち気で負けず嫌い」であれば、「悔しい」のほうが正解になりそうです。

あるいは「悪い点数を取ってクラスが落ちることになり、仲のいい友達と別れてしまう」という状況なら「寂しい」かもしれませんし、「点数が悪いと母親がものすごく怒る」ということであれば、「怖い」かもしれませんね。「自分」と「その子」では前提条件が違うのですから、「自分だったら…」と考えてはいけないのです。

では、どうしたらよいかというと、**「人はこういう状況のときにはこういう気持ちになる」ということを、知識として覚えておく**のです。気持ちを知識として覚えるというと、テストのためのテクニックに走り過ぎているんじゃないかと考える人もいるかもしれません。実際にメルマガの読者の方からそういった感想をもらったこともあります。

しかし、私は逆にこういったことを知識として覚えておくことはマナーであると思っています。例えば、かわいがっていたペットの金魚が死んでしまった友達に対して、ペットを飼ったことがないから、その悲しみがわからない子がいたとします。その友達に「なんで悲しいの？ たかが魚でしょ？」という発言をしたらどうなるでしょうか。

あらためて確認ですが、自分が経験していなくて知らないのであれば、「人はこういう状況のときにはこういう気持ちになる」と知識として知っておくことは、人間関係を円滑

「大西社員より小池社員を評価する社長の考えとは、どのようなものと考えられるでしょうか。『確かに』『しかし』『一方』『したがって』の４つの言葉を、この順に、文の先頭に使って、四文で説明しなさい」

（2018 年開成中学）

にするためのマナーとしても必要なことだと思いませんか？

これらは読書による疑似的な体験を通じて自然に身につけることも可能です。低学年の子であれば、時間をかけてそういう風に育てたいですね。一方、高学年になっていたら、すぐに成果を出したいでしょうから、気持ちのパターンを勉強して覚えていきましょう。

「比べる技術」とは？

「比べる技術」は、物事の相互関係を整理することです。「言い換える」「理由をたどる」よりも一段高度で、中学受験で問われることは少なめです。問われるときには、「『○○は～～だが、□□は～～だ』という形でまとめなさい」のように条件指定がされている場合が多いです。２０１８年の開成中学の入試では上のような形で出題されました。

確かにA。しかしB。一方C。したがってD。この形で整理したとき、Aに入るのは大西社員の優れている点、Bに入るのは大西社員の劣っている点です。優れている点と劣っている点の対比がここに表れます。次にCに入るのは、小池社員の優れている点です。ここで大西社員と小池社員の対比が表れます。Dに入るのは、比較した上での結論ですね。

開成ですら、ここまで細かく書き方の指定があるのですから、小学生の子が自分でこれを整理して書くのがどれだけ難しいことなのかよくわかりますね。ですから、中学受験の段階では、それほど意識して勉強しなくても大丈夫です。

国語も解き方のルールを覚える必要がある

以上、かなり長くなってしまいましたが、これでもだいぶ絞って説明しました。ここに書いたのは、「内容面」から問いに答えるためのルールです。ここには書いていないものとして、「形式面」から問いに答えるためのルールもあります。形式というのは、「記述問題」「記号問題」「抜き出し問題」「穴埋め問題」「本文のまとめ問題」といった問題分類です。

「記号問題」であれば、「選択肢の文をパーツに分解して、パーツごとに正誤をチェックする」であったり、「本文のまとめ問題」であれば「本文の最初と最後をチェックする」であったり、それぞれにまた「こうすると正解が見つかる」という技術があります。これらを知らずにやみくもに考えていては、いつまでも点数が伸びないのは当たり前です。

国語にも解き方のルールがあります。それらを1つひとつ覚えて、必要に応じて使いこなすことができれば、必ず点数が上がります。前節でお伝えした「能力」「語彙・背景知識」と合わせて、お子さんに必要なものが何かを考え、身につけさせる練習をさせてあげてください。

まとめ

国語のテストで点数を上げたければ、解き方のルールを覚えよう。「言い換える」「理由をたどる」「比べる」の3点を意識しながらやることが大切。

4

社会の勉強法

ネットワーク化・イメージ化でラクしよう

社会は覚える科目だ！ きっと多くの方がそう思っていますよね。確かにそれも正しい一面です。「覚えればできるから社会は好き！」という子も多いですし、「覚えるのがめんどくさいから社会は嫌い！」という子もいます。ちなみに私は嫌い派でした。あなたはどちらでしたか？

中学受験の社会は決して難しいわけではありません。ただ、量が多くて覚えるのがとても大変です。そこで、この節では社会の勉強をラクにするために押さえておきたいポイントについてお話ししようと思います。同じ覚えるにしても、やり方次第で効率が大きく変わることは、第1章、第2章の説明でおわかりいただけていると思います。どうせなら上手にラクに覚えたいものですね。キーワードは「記憶のネットワーク化」「イメージ化」「理

えーと
このカタチは…
地理は形と場所をイメージすると覚えやすい

解を深める」です。それでは行きましょう。

地理をラクに覚えるコツ

地理は小3〜4で受験勉強がスタートし、だいたい5年生の夏前まで学習が続きます。この間に、日本各地の地形・気候・産業を学び、海外との貿易まで覚えます。これらを相互にリンクしたネットワーク的な情報にするためには、何を基点にすればよいのでしょうか？ それは都道府県です。**地理は、47の都道府県の名前と場所を知っているだけで、授業で習った知識の定着が違います。**

受験勉強が始まったから47都道府県を、さぁ覚えましょうと言われても、なかなか覚えられるものではありません。かく言うわたしも、都道府県を覚えられなかったことから社会が大嫌いになってしまいました。そうならないようにするために、受験勉強がスタートする前に、47都道府県をすべて覚えさせましょう。

一気に覚えようとするから大変なだけで、時間をかければそれほど難しくはありません。白地図を用意して旅行で行った先を塗りつぶしたり、夕食の食材の産地を塗りつぶしたりするだけで、子どもは気づいたら覚えてしまいます。

また、アプリでも実物でもよいので、都道府県パズルで遊ぶのも効果的です。白地図でもパズルでも、形と場所がイメージとして目に見えるのも覚えやすくなるポイントです。テキストに「キュウリの生産量1位は宮崎県」と文字で書いてあるのを覚えるのとでは、覚えやすさが雲泥の差です。

都道府県の名前と場所を覚えたら、「こういう場所だから、こういう気候で、こういう農作物が作れる」とか、「こういう地形だから、こういう工業に向いている」というように、

徳川家康
タヌキに似てる…
関ヶ原の戦い
歴史マンガ
歴史は人物の顔のイメージと出来事を結びつけると覚えやすい

因果関係を考えながら理解を深めていくこともできます。

歴史をラクに覚えるコツ

歴史を覚える上で基点にするべきは人物です。**まずは顔のイメージと名前を結びつけて覚えましょう。**歴史人物カルタやトランプで遊ぶのが効果的です。何度も遊ぶうちに、子どもはあっという間に4～50人の歴史人物を暗記してしまいます。そうしたら、今度は**その歴史人物の顔のイメージに、その人が関わった歴史上の出来事を紐づけていく**のです。

もしお子さんが興味を持ってくれた場合、伝記やマンガなどで歴史人物のストーリーに親しませることができたら、なおいいですね。ストーリーとして読むということは、その出来事が起こった因果関係を理解するということですから、より記憶に残りやすくなります。

社会は全般的に嫌いだけれど、戦国時代だけは好きで得意という子は男の子に結構います。それは、マンガやゲームなどの素材になっていることが多いため、触れる機会も増えるからです。その自然な流れに任せず、意識的に他の時代の歴史人物にも触れさせれば、歴史全体を好きで得意にさせることができます。

公民をラクに覚えるコツ

公民とは、ザックリ言えば「世の中のしくみ」のことです。憲法によって保障されている基本的人権、国会・内閣・裁判所といった統治機構、選挙システム、地方自治、国際機関などなど、書けば書くほど子どもにとっては実感がわきにくいであろうものばかりです。イメージできなくても無理はありません。

国会や裁判所などに見学に行くとイメージしやすい

そこで、**少しでもイメージできるように、自分との関わりを意識させてあげましょう。**選挙に連れて行ってもいいですし、国会・裁判所を見学してもいいですね。私たち伸学会では、夏休みの「こども霞が関見学デー」に生徒たちを連れて遊びに行きました。霞が関の省庁とは、もちろん内閣の下部組織です。行ったことがあれば、「ああ、あれのことか」とイメージできるようになりますね。

人権については、自分のことだけを考えても、おそらく理解できないでしょう。小学生の子が、人権に守られているんだと実感することは不可能です。そういった場合には、時間や場所を変えて比較してみましょう。国語の節で触れた、「比べる」という考え方です。

人権が十分に守られていなかった戦前、人権という概念すらなかった江戸時代以前、人々はどういった扱いを受けていたでしょうか。歴史で勉強したはずですね。あるいは人権が十分に守られていないイスラム国や北朝鮮といったところでは、人々はどういった扱いを受けているでしょうか。ニュースで「かわいそう」な映像や情報が流れたら、自分が「かわいそうではない」のはなぜかを考えさせるチャンスです。

このように、公民は自分自身を基点にして、自分との関わりに気づくきっかけをできる限り作っておきましょう。そうすれば、授業で習ったときの吸収度が高まりますよ。

まとめ

社会の勉強をラクにするためには、記憶のネットワークの基点を先に作っておこう。基点となる知識を覚えるためには、イメージの力を活用するのが効果的。

理科の勉強法

5 それって算数に近い？ 社会に近い？

4教科の中で最後に残った理科ですが、この科目は算数と社会の勉強法を組み合わせれば解決します。おさらいだと思って確認していきましょう。

暗記系の理科の勉強のコツ

植物の分類、根・くき・葉のつくり、動物の分類、人体の消化のしくみ、血液循環のしくみ、太陽・月・星の動き、星座、水溶液の性質と分類……挙げればキリがないほど理科の中には様々な暗記単元があります。一段大きな枠組みで言うと、理科は物理・化学・生物・地学の4つに分かれ、どちらかと言えば暗記は生物・地学に多めです。

これらを授業で聞いてスパッと覚えられるようにするためには、社会と同じく、体験を

お子さんの体験と紐づけて、「自分に関係あるもの」にしよう

通じてネットワークの基点を作ることが重要です。人の脳は、「自分には関係ないもの」を要らない情報として削除してしまうことを1章でお伝えしましたね。だからせっかく勉強しても、どんどん頭から消えてしまうのです。お子さんに体験させて、その体験と授業で学ぶ知識を紐づけることで、勉強することを「自分に関係あるもの」にしましょう。

ちょっと気合を入れて、プラネタリウムや科学館に足を運ぶのもとてもいいことです。しかし、そう頻繁にできることではありません。そこでより一層大事になるのが、日頃の身の回りにあるものの観察です。これだって立派な体験です。

近所の公園にある植物はどんな葉っぱのつくりをしているでしょうか？　空に見える月はどんな形でしょう？　それは何時にどちらの方角に見えますか？　星座はどうでしょう？　虫メガネを使えば、太陽の光を焦点に集めて紙を焦がすなんてことも体験できます。光の屈折は子どもが苦手な単元の1つですが、体験したことがあると吸収が早いですね。リトマス紙やBTB液も、今やアマゾンで手軽に購入できます。家にある洗剤やお酢、お酒、虫刺されの薬はいったい何性でしょうか？

ちょっと意識するだけで身の回りには教材があふれていて、これらは子どもに生きた知識を与えてくれます。できれば、受験勉強が始まる前の低学年のうちから準備をしておきたいですね。でも、高学年になってからでもまだ間に合います。苦手な子には、まずは見せてあげることをしてあげてください。

計算系の理科の勉強のコツ

理科は物理や化学を中心に、時に生物・地学でも表やグラフから情報を読み取り計算す

バネの長さ
おもりの重さ
実験のイメージを作り、実験の表・グラフと結びつけ、
表・グラフを読み取る力を身につけよう

る問題が出題されます。そういった問題では、算数と同様に表やグラフからイメージをつかむ能力と、公式的な知識の両方が求められます。

理科に出てくる簡単な表やグラフなんて、読めて当たり前と思ってはいけません。子どもは大人が思う以上に読み取りができません。これは、中学校の頃に1次関数・2次関数を習ったときのことを想像するとわかりやすいでしょう。座標平面上のグラフを見て、1次関数の傾きや、2次関数の開き具合、上に凸下に凸、x軸との交点、y軸との交点などから、だいたいどんな式になるかがピンとくる子と、こない子がクラスの中にいたことでしょう。あなたはどちらの側でしたか？

いずれにせよ、中学生でもそういったグラフの読み取りがピンとこない子がたくさんいるのですから、小学生ならもっと多くても不思議ではありません。なぜ、こういった表やグラフの読み取りが難しいかというと、これらはある1点だけ見るのではなく、変化を全体としてとらえなければいけないからです。つまり、国語のときに「一段高度な力」と言っていた「比べる力」が必要になるのです。

では、**表やグラフからイメージをつかむ能力は、どうやったら身につけさせられるのでしょうか。その方法ですが、まずは具体性のある表・グラフの問題から先に学ぶことです。**

例えば、「バネにおもりをつるしたときのおもりの重さとバネの長さの関係」は目に見えます。そもそもそれがイメージできなければ、先に実際にバネにおもりをつるして、どういう変化をするかを体験させてみてください。そして、そのイメージと表・グラフをリンクさせましょう。そうすると、表・グラフに対してもイメージがわくようになります。

これが「塩酸に水酸化ナトリウム水溶液を加えてできた水溶液を蒸発させたときに残る個体の量のグラフ」となったりすると、その実験をイメージできない子が多くなります。実験も表・グラフもイメージできないとなると、とっかかりがなくてさっぱり問題が解けない、となりますよね。

ということで、まずは実験自体のイメージを作る→その実験の様子を表・グラフにするとこうなると学び、表・グラフを読み取る力を身につける→イメージしにくい実験の問題に取り組む、という順序でステップアップしていきましょう。

また、表・グラフを使わず公式で解くようなシンプルな計算問題、例えば豆電球の電気回路に流れる電流の計算なども、豆電球が明るく光るか、暗く光るかというイメージがあるかないかで理解と習得の速さがまったく違います。

結局のところ、**暗記系だけでなく計算系でも、イメージでとらえられるかどうかが大きな差になります。**お父さんお母さんには、ぜひ勉強のわからないところを教えてあげるよりも、いろいろな体験を通じてイメージ力を作ってあげてください。

まとめ

理科でも、イメージができるかどうかが勝負を分ける。先にイメージさえ作っておけば、授業内容を勝手に吸収するのであとがラク！　ぜひ身の回りのことを使ってイメージ作りを進めよう。

第4章

子どもの「勉強…めんどくさい」を乗り越えるために親がしてあげられること

ようやく のぶちゃん 寝たよ～
だいぶ興奮 してたもんね
おつかれさま
しかし親が リードして あげなきゃ いけない 部分が多いん だなあ…
お、ビール いいねえ
そこに 気がついた のは立派 じゃのう
わっ 神様!
い、今 ビールを!
いたん ですね
ワッ
ひょい
おぬしらは いま 親の責任に おののいて いるのう
ギクッ
図星 かの
フォフォ
構えんでええ まず大事なのは のぶちゃんの 好奇心を 育てることじゃ
好奇心を 育てる…
美味い つまみだのう
感情が 大きく 動いたことは 人は忘れぬ もの
一方 つまらない ものは どんどん 忘れていく
ああ
そう いえば
わー
ホタル!!

「知りたい」という好奇心があれば学ぶことが楽しくなり
なんでホタルは光るの？
あらゆる学びが記憶に残る子になるのじゃ
そういえばあの時見た色は…
えーとね…
この虫なあに！？
本の中の「知識」と周りの「体験」をつなぐとよいぞ
体験は勉強じゃなくてもいいぞ
絵画、音楽
運動…
こういうもので国語や算数も伸びるのじゃ
なんかやれる気がしてきた！
のぶちゃんが心配なのはやっぱり解き直しかしらねえ
めんどくさがりそう
あいつはめんどくさがりだからなあ
あーそこだよなー
では最後に…
コト…
子どもの「めんどくさい」を乗り越える必殺技を伝授しよう！
知りたい!!!

1 子どもの好奇心を育てよう

ちょっと想像してみてください。何にでも興味津々で、わからないこと・気になったことは辞書や図鑑で調べ出す子と、何事にも無感動で、わからないことも気にせず放置する子がいたとします。はたして成績優秀になるのはどちらの子でしょうか？

好奇心は学びを楽しむための原動力です。好奇心が強い子は、自然と学ぶための行動を自分からしていき、勉強の量が増えます。

それだけではありません。1章第6節で説明したように、感情の動きがともなった記憶というのは保存されやすくできています。楽しかった記憶は忘れにくい一方で、トラウマもまたなかなか忘れられません。しかし、つまらない出来事の記憶はどんどん忘れて消え

どんな図鑑でも好奇心が養われる

ていきます。好奇心があり、勉強を「面白い！」と感じると、同じ授業を聞いていても記憶への残り方が圧倒的に強くなります。

つまり、**好奇心は学びの量も質も高めるため、二重の意味で重要なもの**なのです。では、いったいどうやったら子どもの好奇心を育てられるのでしょうか？

ウルトラマン図鑑で育って開成中に合格した子たち

好奇心を育てる方法として最もおすすめなのは、幼少期に図鑑を与えることです。小さい頃から図鑑が大好きだったというのが、私の教え子たちの中でも成績優秀な子の多くに共通する点でした。図鑑はどんなものでも構いません。賢く育てようと考えると、どうしても「植物」とか「天体」とか、入試に出そうなものを与えたいと思ってしまいますよね。でも、入試に出るようなものでなくても大丈夫です。大事なのは、本人がそれに対して興味を持つことです。

例えば、教え子の中で開成中学校から東大に入ったある子たちは、小学生の頃に特撮にハマっていました。ウルトラマン図鑑や仮面ライダー図鑑をボロボロになるほど読み込んだそうです。そう、勉強にまったく関係ない図鑑でも構わないのです。**大事なのは、自分が興味を持ったことを図鑑で調べ、「新しいことを知るのは楽しい！」という体験を積み重ねることです。**もし、お子さんがバスや電車など乗り物に興味を持ったら乗り物図鑑を、虫や魚など生き物に興味を持ったら生き物図鑑を買ってあげてください。

図鑑を与える時期は早いほどいいです。0～2歳の幼児でも図鑑は楽しめます。もし、すでに小学生になっていても手遅れではありませんので、興味が持てる図鑑を探しに行きましょう。子どもの年齢によって図鑑のレベルを変えて、その子が楽しめるものを与えて

FLOWER・・・・
花の図鑑
図鑑で興味を持ったものを、実際に見せて好奇心を育てよう

あげてください。

さらに好奇心を育てるひと手間

子どもが興味を持った図鑑を買い与えたら、さらにやっていただきたいことがあります。それが、**図鑑を見て興味を持ったものを、実際に見に行く体験です**。例えば、子どもがイヌやネコなど身近な動物に興味を持ったので、動物図鑑を買ったとします。そこには当然イヌ・ネコ以外にも様々な動物が載っています。すると、図鑑を見るうちに今度は別の動物へも興味が広がっていくでしょう。そうしたタイミングで、ぜひ動物園へ連れて行ってあげてください。

同じように、葉っぱや花に興味を持ったら植物図鑑を与え、興味が広がったらお花屋さんや植物園に連れて行ってあげてください。あるいは、バスや電車に興味を持ったらバス図鑑や電車図鑑を与え、実際に乗りに行きます。その後に家に帰ってまた図鑑を見ると、実際に目にしたものと図鑑の中の知識がつながり、ますます生きた知識になって学びが楽しくなります。もっといろいろなことを知りたいと思うようになり、好奇心が育っていくのです。

小さな子どもは、もともと身の回りのものに何でも興味を持ちます。大人だったら気にも止めない落ち葉や石ころ、虫にも興味を示します。そんなときに、図鑑を通して「自分の興味に関係があること」の範囲を広げていくことを覚えると、何にでも興味を持つ好奇心旺盛《おうせい》な子になります。先々、勝手に学んで勝手に成績優秀になる子に育つために、とてもコスパの良いひと手間ですから、ぜひやってみてくださいね。

まとめ

好奇心がある子に育てれば、自然と成績優秀になるのでとてもラク。そのためには、図鑑をうまく使いこなすのがおすすめ。

2 子どもにさせてあげたい成績アップに直結する習い事

あなたはお子さんにどんな風に育ってほしいですか?——そう聞かれたときに、最優先ではないかもしれませんが、できれば成績優秀になってほしいと考えているでしょう。これは多くの親に共通する願いです。そのため子どもが生まれてすぐに幼児教室に通わせたり、早いうちから公文式に通わせたりするお家も多いですね。実際に通わせるかどうかは別にして、そういった話を聞いて検討したことくらいはあるのではないでしょうか。

私は職業柄、「中学受験の準備には何をさせたらいいですか?」という相談をよくされます。最近は私たちの子ども時代と比べて、いろいろな習い事も増えていますので、きっとみなさん迷ってしまうのでしょうね。

選択肢が多いのは、本来いいことです。しかし、多過ぎると迷ってしまって、結局決められなくなってしまうのが人間です。社会心理学の実験では、スーパーで販売するジャムを3種類にした場合と10数種類にした場合とを比較したら、10数種類にしたほうがジャム全体の売上が下がったそうです。1つひとつの売上ではなく全体の売上ですよ。

人は迷うと「選択に失敗して損したくない」という心理が働き、選択を保留してしまうのですね。どのジャムを買っても「美味しくパンを食べる」という目的は達成できるはずなのに、もったいないですね。習い事でも、これと同じようなことが起こっていると思います。この節では、習い事の選び方について書いてみましょう。

子どもの脳が育つ習い事はどんなもの？

子どもにさせる習い事として、人気が高いのは音楽系の習い事です。ピアノ、エレクトーン、バイオリンなどなど、何かしら1つくらいやったことがある人が多いものです。東大生にアンケートを取ったところ、約2人に1人がピアノ経験者だったそうです。音楽系の習い事には、子どもが賢くなる秘密でもあるのでしょうか？

おかげで
国語も
得意だよ
音楽系の習い事を長期的にすると、言葉の能力習得が簡単になる

これは実際にその通りで、音楽系の習い事をすると子どもの脳が賢く育ちます。理由の1つとして、まずは言語的な能力に対しての刺激が挙げられます。音を司る脳の領域と言語を司る脳の領域は、非常に近いところにあり、ほぼ重なっているそうです。ですから、**音楽系の習い事を長期的にしている子は、国語や英語など言葉に関する能力の習得が簡単になる**そうです。

もう1つの理由として、楽器の演奏を通じてワーキングメモリが鍛えられるという点があります。楽譜を見ながら両手を（場合によっては足も）バラバラに動かす練習は大変なマルチタスクで、ワーキングメモリを必要とします。そのため、**楽器を学んだ期間が長い人ほど、ワーキングメモリの能力が高まる傾向がハッキリある**そうです。ワーキングメモリは算数の複雑な問題や、国語の長文問題を解く上で特に重要になる能力です。これが鍛えられるということは、成績アップに直結していきますね。

そして、音楽系の習い事と並んで人気があるのがスポーツ系の習い事です。やはり東大生の3人に2人がやっていたという水泳を筆頭に、サッカー・体操・野球などいろいろなものがあります。水泳は東大生でなくてもやっていた子は多そうなので、はたして賢くなる効果があるのか、と疑問に思う方も多いのではないでしょうか。

その答えですが、運動をすると賢くなります。小さい子ほど、運動能力と学力は比例する傾向が強いです。その理由は、**運動することによってもワーキングメモリが鍛えられる**からです。**同時に自己コントロール力が高まり、長期的な目標に向かって努力することができる子になります。**ワーキングメモリを司る脳の領域と自己コントロール力を司る脳の領域は近いところにあり、これらが運動により育つことが、大人を対象とした研究でも確

運動でワーキングメモリが
鍛えられるんじゃよ
小さい子ほど運動能力と学力は比例する傾向が強い

認されています。子どもであれば、より一層運動による成長の効果は大きいでしょう。

また、それほど多数派というわけではありませんが、書道や絵画・造形教室などの美術系の習い事をしている子はどうなのでしょうか？　これらもやはり成績優秀な子に育つのに役立つと考えられます。運動とは、いわゆるスポーツ系のような体を大きく動かすものだけでなく、指先を繊細に動かすものも含まれます（巧緻《こうち》運動と言います）。小さい子への知育では指先を使うものが多いですが、これらはすべて脳への刺激になっているのです。

手指の巧緻性を研究する埼玉大学の川端博

子教授らが２００７年に小学６年生５１８名を対象に実施した調査によると、巧緻性を測定する「糸結びテスト」で成績上位だったグループは、そうでないグループと比べて、さまざまな学習活動を楽しんでいたそうです。

じつは、子どもが漢字練習や計算練習を嫌がるのは、すぐに手が疲れてしまうからという理由が多いのです。指先が不器用で、筆圧が強いために字が濃くて太い子っていますよね。それだけやたらと力が入っていたら、すぐに疲れて嫌になるというもの。長時間楽しんで勉強することができるかどうかは、成績にも直結することは明らかですよね。

結論：習い事は子どもが好きなことをさせてあげよう

ここまでいろいろ書いてきて、「結局どれでもいいんじゃないか！」ということに気づいていただけたでしょうか。そう、子どもは何をやっても、その経験を通じて成長していきます。ですから、**これをやらせなければいけないというものはありません。**私たち伸学会は塾ですから、低学年向けに開講している講座はパズルと速読と勉強寄りになっていますが、音楽・スポーツ・美術と何でもいいのです。**何をやるかの差は小さく、何かをやる**

やってみて気に入った
習い事をさせるとよい
子どもが好きな習い事をさせてあげよう

かやらないかの差は大きいということだけ知っておいてください。

そして、能力が最大限伸びるのは、子どもが夢中になって何かに取り組んでいるときです。ですから、図鑑を買い与えるときと同じで、親がやらせたいと思ったものを選ぶのではなく、**お子さんがやってみて気に入るものを選ぶことが、習い事選びで成功するコツです。**ぜひ、いろいろなものを体験させてあげてくださいね。

最後になりますが、習い事を始めるのは早いほどいいですが、大きくなってからでは手遅れということではありません。音楽や運動でワーキングメモリが鍛えられる効果は大人でも確認されています。私たち大人も、今からでも遅くないと思って始めてもいいでしょう。高学年のお子さんだと受験勉強との兼ね合いで難しいことも多いですが、中学生になってから始めてもいいですよ。すでにやっている子は、受験が近くなっても、できる限り運動する習慣、楽器を練習する習慣を維持するように取り組んでみてください。

まとめ

ワーキングメモリが鍛えられる音楽・運動は1つくらいはやらせたい。ただ、子どもが夢中になれるものなら、どんな習い事でも賢く育つと開き直り、最後は自分で選ばせるのが大切。やってみて子どもが気に入らなかったら仕方ない。どれをやらせようか迷って、何もやらないのが一番もったいない。

3 子どもの理解度を確かめつつ理解度を深める方法

「わかった?」と聞いたら、元気よく「うん!」と答えたのに、じつはまったくわかっていなかった——これって子どもには〝あるある〟です。私もかつては何度も騙されたことがあります。きっとあなたにも、そういった経験があるんじゃないでしょうか。

子どもには悪気がある場合も、ない場合もあります。つまり、本当はわかっていないと自分で気づいているけど、早く終わってほしいからとりあえず「うん」と言っている場合もあれば、わかったつもりになっていて、悪気なく「うん」と言っている場合もあるのです。いずれにせよ、わかっていないことが放置されてしまうのは問題ですよね。そこで、それを解決するために、お父さんお母さんにおすすめしたい方法があります。

理解していなければできないことをさせる

「うん！」という返事は、理解できていなくても言えます。だから、「うん！」と言われても、理解しているかどうかは確かめられません。**本当に理解しているかどうかを確かめるには、理解していないとできないことをさせましょう。**例えば、「問題を解かせる」というのも1つの方法ですね。もしわかっていれば、解くことができるはずです。

そして、本節でおすすめしたいもっと良い方法は、子どもに「説明させること」です。今日の塾の授業内容はちゃんと理解できたのかな？　ということを確認するときに、あなたが問題を作るのは難しいでしょうが、「習ったことを教えて」と言って説明してもらうのは簡単ですよね。

もしうまく説明できなければ、わかったつもりのお子さん本人も「じつは、理解していなかったのだ」ということに気づけます。それだけでなく、**説明することで子どもは理解を深め記憶を定着させる**ことにもなります。2章7節のところで触れたように、人に説明

今日学校で
何を習ったの？
教えて！
えーとね…
説明させることで理解を深め記憶を定着させよう

するというのはとても頭を使うからです。

「教えるつもり」で本を読んだり授業を聞いたりして、さらに実際にお父さんお母さんに「教える」経験をすれば、その内容はしっかりお子さんに定着していきます。ぜひ、お子さんに説明させることを習慣にしてみてください。

学力アップだけではない、さらなる効果

お子さんに勉強した内容を説明してもらうことには、もう1つ大きな効果があります。それは親子関係が劇的によくなることです。人は自分の話を聞いてくれる人に対して好感

を持ち、信頼を感じます。心理学の実験で、話す時間と聞く時間の比率を変えて会話をさせ、終わったあとの相手への好感度を調査したものがありますが、こちらが話を聞く時間が長いほど相手は自分に対して好感を持ってくれることが確認されました。

私の経験上も、**親子関係がうまくいっているご家庭というのは、親御さんがよくお子さんの話を聞いています。**親が子どもに言って聞かせるお説教の時間が長いほど、子は親に対して「ウザい・うっとうしい」という感情を持つようになってしまいます。

ですから、お子さんの話をたくさん聞いてあげるようにしましょう。そのときに、さりげなく「どんなことを勉強したの？」「何を習ってきたの？」と勉強内容に誘導してあげると、親子関係をよくしつつ子どもの学力を伸ばせるので一石二鳥ですね。

注意！尋問にならないようにすること

この方法をする上で大事なのは、こちらが一貫してポジティブな姿勢で臨むことです。

私も授業中に生徒たちに「じゃあ、わかったことを説明して！」とよく聞きますが、まと

それは言ったら
いかん！
ちゃんと理解
できてないよ…
モゴモゴ
えーと…

説明できないことを叱ると、子どもの成長チャンスが台なし

もに説明できないことも多々あります。そんなとき、できるだけ笑顔で「じゃあ、もう一度解説するね」と言って教え直しています。

説明できなかったときに叱られたりして嫌な経験をすると、説明するのが嫌いになってしまいます。お父さんお母さんが何を聞いてもだんまりを決め込んでしまっては、せっかくの成長チャンスが台なしです。もちろん先ほど書いたような親子関係がよくなるといった効果も望めません。

子どもが理解しているかどうかをチェックしてやる！　理解できていないことを思い知らせてやる！　そういった気持ちはきれい

さっぱりと捨てて、お子さんがどんなことを習って理解して成長したのかを聞いてみたい、対話を楽しみたい、そういった気持ちで取り組むようにしてくださいね。

まとめ

子どもに勉強した内容を聞いてみるのは理解度の確認にも、理解を深めることにも、親子関係をよくすることにもなり、いいことづくめ。そうなるためには、詰問口調にならないように気をつけよう。

4 お子さんに「解き直し」をしたいと思わせる働きかけ

最後のこの節は、じつは本書で最も重要です。ぜひ、ご家庭で取り入れてください。第2章で、**結局のところ成績アップのために大切なのは時間をあけて反復すること**だとお伝えしました。そうなると、次の問題にあたります。子どもの「解き直し嫌い」です。**私たちの経験上、子どもが10人いたら、そのうちの9人は解き直しが嫌いです。**あなたもお悩みではありませんか？　そこで、この節では解決策をお伝えしたいと思います。

ご安心ください。お子さんが解き直しを嫌がって手を焼くのはあなたのご家庭だけの悩みではありません。それもそのはず、**人間には「今、簡単に思い出せることは、あとになってもずっと簡単に思い出せる」と誤解する性質があるのです。**これは心理学用語で「流暢《りゅうちょう》性《せい》の幻想（または錯覚）」と呼ばれます。そのため、この先もずっとちゃんと思い出せるはずなのに解き直しをするなんてムダだ、そう思ってしまうんですね。

ムダなことをするのは、めんどくさいから嫌だと感じても仕方ありません。あなたのお子さんが悪い子や怠け者だから、解き直しが嫌いなわけではないのです。では、どうすればいいのでしょうか？

「流暢性の幻想」を打ち壊す方法

日々、同じようなやり方で勉強しているはずなのに、テストの回ごとに成績にはずいぶんとバラつきが出ますよね？　ということは、仮にお子さんがあなたに言われて素直に解き直しを取り入れても、苦手単元にぶつかって成績が下がることだってあり得るのです。そんな状況では、「これが良いやり方だ」と納得できなくても仕方ありません。

ですから、流暢性の幻想を打ち壊す方法は簡単です。塾や学校の勉強とは別に、厳密に管理した勉強法の比較のための実験をしてみればいいのです。私たち伸学会では、そういった実験を定期的に行っています。例えば、「解き直し」をするかどうかの比較の実験であ

伸学会での解き直し有無の比較実験

	テストA			テストB	
	1回目	再テスト（2回目）	効果測定	1回目	効果測定
実施日	2/21	2/28	3/7	2/28	3/14
生徒A	50	60	80	40	30
生徒B	20	30	80	40	40
生徒C	0	0	10	10	0
生徒D	10	30	40	30	40
生徒E	30	50	50	40	30
生徒F	10	40	90	50	40
生徒G	0	10	40	10	10
生徒H	10	50	80	20	30
平均	16.25	33.75	58.75	30	27.5
上昇		17.5	42.5		−2.5

れば、手順は以下になります。

①同じくらいのレベルの小テストを2種類用意する

②テストAは解説のあとで再テスト（解き直し）をする。テストBは問題を解いて解説を見る（または解説を聞く）だけ。

③一定期間あけて、AもBも効果測定のための再テストを実施する

上表は、以前実施した算数の解き直しの実験結果です。間に再テスト（2回目）を挟むかどうかで、成績が顕著に変わっていますね。Bのほうも解説を受けたはずなのですが、平均点はまったく上昇していません。多少点数

に改善が見られる子がいるのは、計算ミスがあったりなかったりするだけの誤差です。

つまり、やり方を見たり聞いたりしてわかったと思っても、もう一度やってみないと忘れてしまうということがよくわかります。実際に実験に参加してみて、解き直しをしたら覚えている、解き直しをしないと忘れる、という体験をすると、解き直しの重要性に気づくことができますね。

こうした比較実験は、解き直しをするかしないか以外にも、何にでも応用が利きます。図や式を書くのがめんどくさいと思うのでしたら、ちゃんと書きながらやった場合と書かずにやった場合を比較します。解き直しはすぐやったほうがいいのか、時間をあけたほうがいいのか疑問に思うなら、それもまた解き直しのタイミングを変えて比較してみればいいでしょう。いろいろ試してみると、お子さんの中にちゃんと納得感が生まれます。

解き直しをさせる上での注意点

ちょっと想像してみてください。こういった実験をしようと提案したときに、子どもは

どんな反応を示しそうでしょうか。「めんどくさい」「嫌だ」と言いそうじゃありませんか？　ですから、言い方が大事になってきます。私がこの実験を授業でやるときには、まずは楽しい雰囲気で「ラクして成績が上がる勉強法、知りたい子は手を挙げてー！」と言って挙手させます。まぁ、だいたい手を挙げますよね。

その上で、「じゃあ、どっちが良い点を取れるか実験してみようぜ♪」と言って、実験の概要を説明して実施します。**実験の結果、わかったことで自分が得をするということを、子どもたちに確認させてから話を始める**のですね。ここで間違っても、「お前の勉強のやり方はダメだとわからせてやる」「解き直しをしないと成績が上がらないと思い知れ！」といった雰囲気で実験を始めようとしてはいけません。**ものは言いようであり、子どもを乗せらせるかどうかは、あなた次第**だと肝に銘じておきましょう。

良い勉強のやり方をする上でのもう1つのハードル

こういった実験をすることで、「良いやり方はこっちだ！」とお子さんがわかってくれたとします。だからと言って、お子さんがそれをすぐに実行できるとは思わないように気をつけてください。私たち大人だって、わかっちゃいるけど……ということはいっぱいありますよね。私にも、お酒を飲み過ぎて二日酔いになって反省したことが多々あります(笑)。自己コントロール力が低い子どもであれば、なおさらです。

ですから、良い行動ができるように導いてあげることが、もう1つクリアしなければいけない課題になります。例えば、実際にお子さんが解き直しに取り組んだときに、その頑張りを見逃さずに見つけて褒めてあげると、次も頑張ろうとしてくれます。もっと知りたい方は、前著の『小学生の子が勉強にハマる方法』のほうにより詳しく載っていますので、参考にしてみてくださいね。

まとめ

良い勉強のやり方はだいたい「めんどくさい」もの。それがいいと子どもに納得してもらうためには比較して、違いを体験させるのが効果的。くれぐれも言い方に注意。

よし
できたっ。
パタン
算数
問題集
今日は
これから
社会！
お父さん！
昨日間違えた
とこ、今度は
できたよ〜
あの
体積のとこー
おー！
今度はできたか！
やり直しを
次にするのは
1週間後…
っと
どうせやるなら
ムダなくね！
だよね
そう
そう！
神様に教わった
秘密のコツのおかげで
いいぞ
のぶちゃん
その調子！
キリッ
娘は効率的に勉強
できるようになった
成績も順調に伸びている
のぶちゃん
点数すごい
あがってる〜
すごーい!!
エヘ♡
95
やっぱ
解き直しって
効果ある〜
くーっ
やって
よかった!!
95
ウヒョー
あれから神様は
現れてないけど…

今日はお休みだし
あの神社に
みんなでお参りに
いこうよ！
うん！
パアーッ
今日
ひっかかった
ところはね…
解き直しをしたら
本当に
テストの点が
上がりました
神様のおかげで
ムダにダラダラ
勉強もしなく
なりました
パン
パン
神様
ありがとう
ございます
お父さん
知ってる？
神社の玉砂利って
いうのはね～
ちゃんと
見守って
おるぞ…
キラッ

おわりに

心理学者ダン・アリエリーの『予想どおりに不合理』という本にこんな話があります。

給料に不満のある若手社員に、経営幹部は尋ねました。

「入社したとき、３年後の年棒はどれくらいだと考えていたのかね？」

「10万ドルはほしいと思っていました」

幹部は社員の顔をまじまじと眺めました。

「君の今の年棒は30万ドル近いじゃないか。それで何が不服なのかね？」

若手社員は口ごもって言いました。

「デスクが近い同僚２人が31万ドルもらっているんです」

多くの方は、この話を笑い話だと思うでしょう。しかし、わが子の成績を見るときには、この若手社員のような不満を持ってしまう親御さんがたくさんいます。受験の成績は絶対評価の点数ではなく、相対評価の偏差値で見ます。それはつまり、他の子とわが子を比べているということです。

ある子が4年生から6年生にかけて、ずっと偏差値40だったとします。この場合、その子は「成長していない」のではありません。「他の子と同じペースで成長している」というだけです。学力は4年生の頃に比べて2年間で伸びているのです。

でも、そういった場合「成績が上がっていない」と不満に思う親が多いのは、想像できるのではないでしょうか。年棒が当初の希望以上に伸びているのに、同僚に負けていることに不満を持つ若手社員のようだと思いませんか？

勉強は楽しむことが最も大切です。スポーツもゲームも勉強も、負けるよりは勝てたほうが楽しいですから、この本では勝つための攻略法を書きました。**ですが、楽しむ方法は「勝つこと」だけとは限りません。タイムアタックのように自己新記録を目指したり、みんなでワイワイやるのを楽しんだり、いろいろな形があります。**

ぜひ学びを楽しむための1つの方法という位置づけで、本書を活用していただければと思います。我々もまた、子どもの成長を楽しみましょう。

2020年春

伸学会代表　菊池洋匡

主な参考文献

〈論文〉

- Jeffrey D. Karpicke, Henry L. Roediger III “The Critical Importance of Retrieval for Learning” Science 15 Feb 2008 Vol. 319, Issue 5865, pp. 966-968
- DOUG ROHRER, KELLI TAYLOR, HAROLD PASHLER, JOHN T. WIXTED and NICHOLAS J. CEPEDA “The Effect of Overlearning on Long-Term Retention” Appl. Cognit. Psychol.19: 361–374 (2005)
- DOUG ROHRER and KELLI TAYLOR,” The Effects of Overlearning and Distributed Practise onthe Retention of Mathematics Knowledge” Appl. Cognit. Psychol.20: 1209–1224 (2006)
- Cepeda N.J., Vul E., Rohrer D., Wixted J.T., Pashler H.,"Spacing effects in learning: a temporal ridgeline of optimal retention" Psychol Sci. 2008 Nov;19 (11) :1095-102.
- GARY WOLF, "Want to Remember Everything You’ll Ever Learn? Surrender to This Algorithm.” November 20, 2011
- Kelli Taylor and Doug Rohrer, "The Effects of Interleaved Practice" Applied Cognitive Psychology 24 (6) :837 - 848 · September 2010
- Nate Kornell and Robert A. Bjork, "Learning Concepts and Categories:Is Spacing the 'Enemy of Induction'?" Psychological Science 19 (6) :585-92 · July 2008
- John F. Nestojko, Nate Kornell, Elizabeth Bjotk “Expecting to teach enhances learning and organization of knowledge in free recall of text passages” (2014)
- Erdelyi, M. H., & Kleinbard, J. “Has Ebbinghaus decayed with time? The growth of recall (hypermnesia) over days” Journal of Experimental Psychology: Human Learning and Memory, 4 (4) , 275–289, Jul 78
- Jeffrey M. Ellenbogen, Peter T. Hu, Jessica D. Payne, Debra Titone, and Matthew P. Walker “Human relational memory requires time and sleep” PNAS May 1, 2007 104 (18) 7723-7728
- Lahl O, Wispel C, Willigens B, Pietrowsky R. “An ultra short episode of sleep is sufficient to promote declarative memory performance.” J Sleep Res. 2008 Mar;17 (1) :3-10.
- Mednick S, Nakayama K, Stickgold R. “Sleep-dependent learning: a nap is as good as a night.” Nat Neurosci. 2003 Jul;6 (7) :697-8.

- Igloi K, Gaggioni G, Sterpenich V, Schwartz S. "A nap to recap or how reward regulates hippocampal-prefrontal memory networks during daytime sleep in humans." Elife. 2015 Oct 16;4.
- Stéphanie Mazza, Emilie Gerbier, other "Relearn Faster and Retain Longer : Along With Practice , Sleep Makes Perfect" Psychol Sci. 2016 Oct;27（10）:1321-1330.
- Dewar MT, Cowan N, Sala SD. "Forgetting due to retroactive interference: a fusion of Müller and Pilzecker's（1900）early insights into everyday forgetting and recent research on anterograde amnesia." Cortex. 2007 Jul;43（5）:616-34.
- Sian L. Beilock, Carr TH. "When high-powered people fail: working memory and "choking under pressure" in math." Psychol Sci. 2005 Feb;16（2）:101-5.
- Gerardo Ramirez, Sian L. Beilock "Writing about testing worries boosts exam performance in the classroom." Science. 2011 Jan 14;331（6014）:211-3.
- Fazio LK, Bailey DH, Thompson CA, Siegler RS. "Relations of different types of numerical magnitude representations to each other and to mathematics achievement." J Exp Child Psychol. 2014 Jul;123:53-72.
- 川端博子・鳴海多恵子「小学生の手指の巧緻性に関する研究―遊びと学習面からの一考察―」 日本家政学会誌 Vol. 60 No. 2 123～131（2009）

〈本〉

- 市川伸一『勉強法の科学――心理学から学習を探る』（岩波書店）
- 藤田哲也編著『絶対役立つ教育心理学』（ミネルヴァ書房）
- 竹内龍人『進化する勉強法』（誠文堂新光社）
- メンタリストDaiGo『最短の時間で最大の成果を手に入れる 超効率勉強法』（学研プラス）
- ベネディクト・キャリー（花塚恵訳）『脳が認める勉強法』（ダイヤモンド社）
- 瀧靖之『16万人の脳画像を見てきた脳医学者が教える「賢い子」に育てる究極のコツ』（文響社）
- Kelly Macgonigal『The Willpower Instinct（邦題：スタンフォードの自分を変える教室）』（Avery）
- ダニエル・カーネマン（村井章子訳）『ファスト&スロー あなたの意思はどのように決まるか？ 上・下』（早川書房）
- 内田和俊『レジリエンス入門：折れない心のつくり方』（筑摩書房）
- 西野精治『スタンフォード式 最高の睡眠』（サンマーク出版）

菊池洋匡（きくち・ひろただ）

中学受験専門塾伸学会代表。算数オリンピック銀メダリスト。開成中学・高校・慶應義塾大学法学部法律学科を卒業。10年間の塾講師歴を経て2014年に伸学会自由が丘校を開校し、現在は目黒校、中野校、伸学会Primaryと4校舎を運営。中学受験の第一志望校合格者は4人に1人と言われる中、毎年40％以上の子どもたちを第一志望校に合格させている。「自ら伸びる力を育てる」というコンセプトで、少人数制のアットホームな雰囲気の中、学力の土台となる人間性から作り上げる指導を徹底。メインとなる中学受験本科コースでは、算国理社以外に「ホームルーム」という独自の授業を実施し、スケジューリングやPDCAといったセルフマネジメントの技術指導に加え、成長するマインドのあり方を育てるコーチングを行う。それらの内容はすべて最新の教育心理学の裏づけがあり、エビデンスに基づいた指導に対し、特に理系の父親たちからの支持が厚い。伸学会の指導理念と指導法はメルマガでも配信し、現在約4500人の悩める保護者が購読。生徒の9割以上は口コミと紹介とファンになったメルマガの読者から集まっている。著書に『「やる気」を科学的に分析してわかった 小学生の子が勉強にハマる方法』（秦一生氏との共著。実務教育出版）がある。

- **伸学会**
  http://www.singakukai.com/
- **Youtubeチャンネル**
  https://www.youtube.com/channel/UCpmlx1eakUt4zHDLTzUF7eA

メルマガ登録はこちらのQRコードから

「記憶」を科学的に分析してわかった
小学生の子の成績に最短で直結する勉強法

2020年4月25日　初版第1刷発行
2022年5月15日　初版第5刷発行

著　者　菊池洋匡
発行者　小山隆之
発行所　株式会社 実務教育出版
〒163-8671　東京都新宿区新宿1-1-12
電話　03-3355-1812（編集）　03-3355-1951（販売）
振替　00160-0-78270

印刷／壮光舎印刷株式会社　　製本／東京美術紙工協業組合

ISBN978-4-7889-1962-4　C0037